LES MYSTÈRES DE LA POP CULTURE NIPPONE

Direction éditoriale : Stéphane Chabenat
Éditrice : Charlotte Sperber
Conception graphique et mise en pages : Nord Compo
Conception graphique de la couverture : olo.éditions

Les Éditions de **l'Opportun**
16, rue Dupetit-Thouars
75003 Paris

www.editionsopportun.com

GISÈLE FOUCHER

LES MYSTÈRES DE LA POP CULTURE NIPPONE

SOMMAIRE

INTRODUCTION

Pourquoi sommes-nous tant fascinés par la culture pop japonaise ? Soit, elle se révèle aux antipodes de notre culture occidentale – bien qu'elle en ait emprunté certains traits –, mais nous peinons parfois à la comprendre. Malgré tout, la magie opère. Serait-ce parce que sa substance chatouille en nous un désir profond (et peut-être réprimé) de retrouver l'insouciance de l'enfance et de devenir, au moins en rêve, des entités toutes-puissantes ? Le Japon moderne n'est pas avare de telles représentations. Les histoires contées dans les mangas, les anime et les jeux vidéo font souvent état de pouvoirs extraordinaires, ou encore d'une force de caractère hissant le héros ou l'héroïne à la première place de son activité, qu'il ou elle soit le meilleur dresseur ou le ninja le plus fort. Ces histoires dépeignent également la victoire du « faible » sur les méchants, malgré ses modestes moyens et les obstacles phénoménaux qui se dressent devant lui. De quoi grandement exalter nos sens et stimuler notre imagination !

La culture pop japonaise exerce en outre sur nous, Occidentaux, une attraction quasi hypnotique par son originalité et par la profusion de ses idées. Enfin sa débauche de couleurs et de personnages « *kawaii* » fait palpiter notre cœur d'enfant, souvent ignoré dans notre société si prompte à mettre en avant le caractère sérieux de toute chose.

La manifestation la plus flagrante de cette culture se traduit au Japon, dès le premier regard, par une omniprésence de l'image dessinée et colorée. Que ce soit dans les publicités, sur les emballages de produits de consommation, les devantures de magasins, les façades d'immeubles, des panneaux de signalisation ou même des avions, partout le pays cherche à montrer qu'il est « mignon », pacifique, harmonieux et qu'il a gardé une fraîcheur enfantine, à laquelle il tient. On pourrait croire que les dieux déversent continuellement de la peinture multicolore sur le Japon, ou tout au moins sur ses grandes villes. Dans les rues de Tokyo, partout où le regard se porte, ce sont des explosions de rouge, violet, jaune acidulé, rose, vert, bleu électrique… Les couleurs n'épargnent pas la nourriture : les barbes à papa, les glaces, le fromage fondu, tout est bon pour compenser la grisaille d'une vie vouée au labeur.

Ce sont de véritables stratégies nationales à la fois politiques et commerciales qui ont contribué au développement d'un pouvoir culturel pop à même de s'exporter dans le monde.

La Constitution pacifiste japonaise d'après guerre obligeait le Japon à renoncer « à jamais à la guerre » ainsi qu'« à la menace ou à l'usage de la force comme moyen de règlement des conflits internationaux[1] ». Pour mener à bien un expansionnisme indispensable sur le plan économique, il fallait se réinventer, rayonner

1. Article 9 de la Constitution pacifiste du Japon, 1946.

dans le monde à la manière douce. Quoi, alors, de plus doux et inspirant que la culture ?

Une simple évocation du Japon moderne à l'étranger allait faire le reste. En 2002, le journaliste américain Douglas McGray décrit dans le magazine *Foreign Policy* un Japon se réinventant comme superpuissance culturelle[1]. L'expression *Cool Japan* est reprise dans tous les médias, friands de ces associations percutantes. Le gouvernement japonais y reconnaît là une opportunité en or et s'empresse d'adopter l'expression pour illustrer le nouveau statut culturel du Japon. Des *Cool Japan Awards* sont organisés depuis 2004 par le magazine d'entreprise *Nikkei BP* pour récompenser les personnes ayant contribué à la diffusion de la culture japonaise à l'étranger[2]. La « marque de fabrique » est aujourd'hui aussi célèbre que le « *Think different* » d'Apple. Fort de cette stratégie de séduction, le Japon a déjà enregistré pas moins de vingt-cinq biens culturels et naturels sur la liste du patrimoine mondial de l'Unesco, et d'autres encore sont à l'étude[3].

Le Japon est un mélange d'ultramodernisme et de traditions très anciennes. Comment est-il possible de concilier ces deux pans de culture apparemment antinomiques dans une société codifiée et réglementée à l'extrême ? C'est là toute la force du

1. Douglas McGray, « Japan's Gross National Cool », *Foreign Policy*, 2002.
2. Takeshi Matsui, « Nation branding through stigmatized popular culture : the "Cool Japan" craze among central ministries in Japan », *Hitotsubashi Journal of Commerce and Management*, Hitotsubashi University, 1er octobre 2014.
3. Biens inscrits sur la liste du patrimoine mondial : Japon, Unesco, 2021 (dernier bien inscrit en 2019), https://whc.unesco.org/fr/etatsparties/jp.

pays : sa culture pop est un formidable exutoire. Les Japonais peuvent y donner libre cours à leur fantaisie, le temps d'un jour de congé. Chaque image enfantine qui frappe leurs rétines dans les rues leur rappelle inlassablement à quel point la vie peut être belle tant que l'on garde de nobles valeurs, que l'on travaille dur et que l'on consomme beaucoup. Les mangas, les jeux vidéo ou les anime sont autant d'univers où le Japonais, à mille lieues de son existence ordonnée et surchargée par les exigences du système scolaire ou de la vie active, devient soudain un héros, s'identifie à – ou combat – des êtres surnaturels, vit des aventures exaltantes, rencontre des êtres exceptionnels. C'est également l'occasion pour lui de renouer avec les croyances animistes de la période post-modernisation.

Mais surtout, comme le disait l'écrivain japonais Kenji Nakagami[1], une « barrière invisible (une étiquette rigoureuse) sépare, à partir de différences infimes, non pas le bien du mal, mais le beau du laid ». Dans son livre *Les Vrais Penseurs de notre temps*[2], Guy Sorman précise la pensée de Nakagami : « Car du beau et du laid dérivent naturellement ce qui se fait et ce qui ne se fait pas, le vrai et le faux, le bien et le mal. Celui qui ne respecte pas ce code, qu'il soit individualiste ou qu'il dénonce l'existence de la "barrière invisible", est tout simplement exclu : il n'est pas japonais. »

---

1. Kenji Nakagami (1946-1992) est un écrivain japonais. Il a obtenu le plus haut prix littéraire du Japon en 1975. Il est reconnu comme l'un des plus grands romanciers du Japon de l'après-guerre.
2. Guy Sorman, *Les Vrais Penseurs de notre temps*, « 7. Résistance », Fayard, Paris, 1989.

Peut-être faites-vous partie de ces passionnés du Japon qui suivent son actualité avec ferveur. De ceux qui sont toujours à la recherche des derniers gadgets électroniques dont le pays fait la publicité à grand renfort de personnages *kawaii*. De ces aficionados friands de la culture nippone et de ses excentricités, qui n'hésitent pas à entreprendre le grand voyage vers cette contrée si exotique. Peut-être possédez-vous les *goodies* de vos anime préférés, collectionnez-vous les éditions originales, avez-vous appris le japonais... Peut-être même avez-vous pris des cours de cuisine pour confectionner ces mets originaux que vous avez admirés et savourés. Si vous vous retrouvez dans cette description, vous connaissez certainement les nombreux aspects de la culture pop contenus dans ces pages, mais vous aurez le plaisir de vous replonger dans les ambiances particulières des lieux décrits, magnifiés par vos souvenirs. Et, pourquoi pas, d'apprendre une ou deux nouvelles choses ?

Mais peut-être êtes-vous simplement curieux.se de connaître un peu mieux – ou intéressé.e par – la culture pop japonaise, elle qui semble si bien se propager dans le monde au travers de ses mangas. Auquel cas, ce livre est sans conteste pour vous. Il répondra à de nombreuses questions que vous vous posez sur le sujet et nul doute que vous vous étonnerez plus d'une fois en découvrant certaines particularités qui n'appartiennent qu'à ce peuple. Des Vampire Café, robots géants et *gothic lolita* aux quartiers dédiés aux *otaku* en passant par les festivals de culture pop ou encore le *nail art*, vous aurez un aperçu varié de ce que la culture populaire japonaise a de meilleur à offrir à ses fans... en attendant d'aller tout visiter sur place !

Chapitre 1

LES INCONTOURNABLES DE LA **CULTURE POP JAPONAISE**

Demandez à n'importe quel Occidental de vous décrire en quoi consiste la culture pop japonaise, il vous répondra par ces trois mots : *manga*, *kawaii* et *anime* ! Poussez un peu plus loin la question et il ajoutera *robots*, *jeux vidéo* et *Godzilla*.

Oui, la culture pop japonaise, c'est tout cela, mais bien plus encore. Existe-t-il un autre pays au monde où l'enfance est célébrée à ce point ? Où des personnages de manga ou d'anime fleurissent sur les immeubles, non pas parce qu'un graffeur sauvage est passé par là, mais parce que les instances politiques l'encouragent ?

C'est tout le paradoxe de ce pays : imposer des codes sociétaux très stricts à sa population mais offrir l'image d'une liberté sans pareille, faisant la part belle à des univers fantastiques et hauts en couleur, émaillés de références aux traditions séculaires et à des croyances animistes toujours présentes. Le *Cool Japan* tente de contrebalancer la raideur du système en place par la représentation d'une multitude de produits amusants et réconfortants, qui donnent leur part de rêve aux Japonais. Qu'on ne s'y trompe pas : l'économie marchande japonaise profite largement de cet appétit insatiable pour tout objet pouvant s'apparenter à un « ami », dans des villes où la forte concentration de la population conduirait curieusement à une « solitude de masse ». C'est en tout cas le message qui est transmis. Ainsi, ce monde imaginaire qui renvoie à une jeunesse insouciante guérirait le stress aussi sûrement qu'une pommade apaisante. La dépendance est forte, mais comment pourrait-il en être autrement dans des univers où tout semble possible ?

L'ESPRIT *KAWAII*

Difficile d'ignorer ce qui représente le plus la culture pop japonaise à l'étranger : le *kawaii* ! Présent partout, il s'affiche dans les rues, enrobe les objets, se glisse dans les mangas, voyage sur des avions, s'installe dans les plats culinaires… en bref, il est incontournable. Et cela tombe bien : les Japonais adorent tout ce qui est *kawaii sugiru* (« trop mignon ») !

Dans la culture pop japonaise, *kawaii* est le terme utilisé pour qualifier les objets, personnes, animaux, créatures fictives mais également habits ou attitudes d'adorables, de choupinous, de mignons tout plein.

Bien plus qu'un simple adjectif, *kawaii* est l'expression d'un véritable mouvement culturel populaire, figuré en grande partie par des personnages d'animation aux traits simples, enfantins, touchants. Regarder un objet ou une personne *kawaii* provoque un sentiment de joie et apporte une fantaisie bienvenue dans une société presque entièrement centrée sur le travail. Les responsables marketing l'ont bien compris et n'hésitent pas à embellir leurs produits de tout le *kawaii* existant dans les mangas, les anime, les jeux vidéo et les *drama* (séries), packaging inclus. Ils vont encore plus loin en créant des accessoires *kawaii* en forme de gâteaux, macarons et autres douceurs sucrées aux couleurs vives, dont la popularité ne cesse de grandir ; on en mangerait ! Et dans l'art du bijou culinaire, Q-pot est une marque japonaise bien connue et reconnue.

COMMENT EST NÉE **LA CULTURE *KAWAII*** ?

C'est la faute des adolescentes japonaises des années 1970 ! Souhaitant prendre leurs distances avec la calligraphie traditionnelle, certaines d'entre elles avaient soudain opté pour une écriture différente et enfantine, au grand dam de leurs professeurs, et la mode s'est répandue.

L'histoire du *kawaii* est pour autant plus composite. Le mot actuel est dérivé de *kawayushi*, qui pourrait se traduire par « timide, embarrassé, vulnérable, petit »… et qui suscite la pitié. Par la suite, le *kawaii* a perdu ses connotations négatives. Dans son sens aujourd'hui positif, il fait référence à un sentiment d'amour et d'attention. C'est ainsi que les objets ou

Le mot actuel est dérivé de *kawayushi*, qui pourrait se traduire par « timide, embarrassé, vulnérable, petit »…

personnages qualifiés de *kawaii* ont la rondeur et la douceur des petits enfants et des bébés animaux, que l'on a envie de protéger. Les grands yeux des personnages ne font qu'accentuer cet air d'innocence qu'ils affichent. Mais *kawaii* peut aussi signifier « rebelle »...

Nous retrouvons des traces de « mignon » dans l'époque d'Edo[1], avec des *dijinga* (des estampes sur bois qualifiées de « belles images de personne »), ainsi qu'avec les illustrations de jeunes filles. Au début du XXe siècle, le poète, peintre et dessinateur Yumeji Takehisa popularise le style *kawaii* dans des dessins qui fusionnent l'Orient avec l'Occident. Le *shōjo*, une catégorie de mangas ciblant un public féminin adolescent ou jeune adulte, renforce encore cette culture. Le *shōjo* a également contribué à développer la mode après la Seconde Guerre mondiale, encourageant les filles à porter des vêtements et accessoires distinctifs qui les identifient à des groupes précis. Le merchandising a fait le reste...

1. Époque d'Edo : 1603-1868. L'époque d'Edo, ou période Tokugawa, est l'une des subdivisions de l'histoire du Japon. Cette période stricte, dans laquelle la société, fermée aux influences étrangères, est divisée en samouraïs, paysans, artisans et marchands, se terminera avec l'abdication en 1867 de Tokugawa Yoshinobu. La capitale, Edo, prendra alors le nom de Tokyo.

Le *kawaii* a fini par imprégner toutes les couches de la société : dans les entreprises, les services publics, chez les stars... Les médias sociaux débordent de *kawaii* et, bien sûr, les jeux en regorgent. Partout, le *kawaii* s'impose comme une marque de fabrique typiquement japonaise, visant à adoucir le quotidien des Japonais et à montrer à la face du monde entier que le Japon est *cool*.

Et cette histoire d'écriture, alors ? Elle existe bel et bien. Le Japon a connu, à l'instar de la France, sa période de révolte de 1968 à mi-1969. La jeunesse étudiante nippone cherchait à s'affranchir du carcan imposé par les autorités, souhaitant un monde plus libre aux entournures. Sans s'étendre sur l'histoire de ce soulèvement, qui fut violent, un fait nouveau émergea dans le début des années 1970, qui allait bouleverser la culture traditionnelle nippone. Des étudiantes japonaises trouvèrent plus mignon – et contestataire – d'arrondir les caractères de leur écriture et de ponctuer leurs écrits de mots d'anglais, de petits dessins et de fioritures. Les plus rebelles adoptèrent l'écriture horizontale occidentale au lieu de la verticale habituelle. Un véritable affront à la tradition. Malgré les tentatives d'interdire cette mode de la part des autorités académiques, ou peut-être en réaction à cet interdit, l'écriture *kawaii* déborda rapidement sur toute la jeunesse nippone. De mode, le phénomène devint sociétal. Si dans les écoles ce type d'écriture finit par être banni, il fut repris dans les années 1980 par de grandes firmes pour leurs campagnes publicitaires et leur packaging... et nous connaissons la suite.

Sanrio

Sanrio, une compagnie japonaise fondée en 1960 par Shintaro Tsuji, eut l'intelligence de monter dans le train en créant toute une gamme de personnages *kawaii*, dont le plus célèbre est Hello Kitty, une représentation de chat blanc avec un nœud rouge sur la tête. Le personnage est vite devenu l'un des plus grands succès commerciaux au monde. La devise accrocheuse dont se sert Sanrio pour exprimer sa philosophie est claire : « Petit cadeau, grand sourire® » – et, oui, la phrase a même été déposée ! Comme le dit son fondateur : « Chez Sanrio, nous étions convaincus qu'en dépit de ce courant social [austère] les gens trouveraient malgré tout de la joie et de l'espoir dans des choses belles et fantaisistes telles que l'éclosion d'une fleur ou le chant joyeux d'un oiseau. [...] Nous fabriquons des objets qui aideront à favoriser la communication, nous proposons des distractions pour ajouter du plaisir et de la plénitude à la vie quotidienne ; et nous cherchons à aider les amitiés à s'épanouir[1]. » Tout est dit.

De Hello Kitty à Pokémon en passant par Rilakkuma (un ourson en peluche) ou encore… un œuf, ces personnages potelés aux grands yeux n'attendent qu'une réaction de votre part, l'œil attendri : « Oooohhhh… ! »

1. https://www.sanrio.com/pages/about-sanrio.

QUELQUES **PERSONNAGES « ADORABLES »**

Hello Kitty

Hello Kitty (Kitty-chan, au Japon), l'un des personnages *kawaii* phares de Sanrio, est sortie de l'imagination de la styliste Yuko Shimizu, qui en élabora le premier modèle en 1974. Elle ressemble à un chat blanc – féminin ou masculin ? – avec le plus souvent un nœud rouge attaché à l'oreille gauche, parfois une fleur à cinq pétales.

Sur le site officiel de Sanrio, nous apprenons que Hello Kitty – de son vrai nom, Kitty White – est née dans la banlieue de Londres (la culture britannique était populaire auprès des jeunes filles japonaises au moment de la création du personnage) et qu'elle vit avec ses parents et sa sœur jumelle Mimmy, qui est également sa meilleure amie. Elle adore confectionner des biscuits et se faire de nouveaux amis[1].

Pourquoi n'a-t-elle pas de bouche ? Yuko Yamaguchi, la troisième styliste de Hello Kitty, répond que c'est parce qu'elle parle avec son cœur. « C'est pour que les gens qui la regardent puissent projeter leurs propres sentiments sur son visage, car elle a un visage sans expression. Kitty a l'air heureux quand les gens sont heureux. Elle a l'air triste quand ils sont tristes[2]. » Et une précision, qui a une grande importance aux yeux des Japonais : Kitty est du groupe sanguin A (rendez-vous au chapitre « Si particulier ! Les groupes sanguins » p. 121 pour en savoir plus sur ce sujet).

1. https://www.sanrio.com/collections/hello-kitty.
2. « 10 questions for Yuko Yamaguchi », *Webzine Time*, 21 août 2008, https://web.archive.org/web/20080826115227/http://www.time.com/time/magazine/article/0,9171,1834451,00.html.

La toute première apparition de Hello Kitty fut sur un porte-monnaie en vinyle, vendu au Japon en 1975. Elle y était représentée assise entre une bouteille de lait et un bocal avec un poisson rouge. Le célèbre chat a depuis été décliné sous toutes les formes, a fait l'objet d'une série animée, de jeux vidéo, et on trouve même, depuis 2004, son effigie sur des cartes de crédit MasterCard de Legend Credit Inc., aux États-Unis. Enfin, depuis 2010, au Japon, un parc d'attractions lui est entièrement consacré : Hello Kitty's Kawaii Paradise.

✿ Pokémon

Place maintenant aux Pokémon ! Cette franchise est encore très populaire au Japon. La particularité de ces petits personnages fictifs est qu'ils affichent un côté *kawaii* en principe réservé à la cible des filles. Mais quel garçon n'a jamais échangé des cartes Pokémon dans les cours de récréation ? Qui n'a jamais suivi ses Pokémon préférés dans les rues grâce à l'appli *Pokémon GO* ?

Créée en 1996 par Satoshi Tajiri, la franchise est bien présente dans le domaine du divertissement, que ce soit le jeu vidéo, les applis, les cartes à jouer ou les séries animées, sans compter les produits dérivés. The Pokemon Company a même ouvert, de juillet 2021 à avril 2022, un safari gigantesque dans un parc nommé Pokémon Wonder, situé dans la forêt de Yomiuriland. Dans ce parc de 4 500 m² proche de Shinjuku, un arrondissement de Tokyo, des parcours permettaient de découvrir des Pokémon cachés dans leur milieu naturel. Et il ne s'agissait pas de créatures virtuelles, mais bien de véritables objets, créés à partir d'éléments naturels comme des feuilles, des brindilles ou des glands. Qui a fait la relation avec le célèbre parc safari de la série télévisée et des jeux vidéo *Pokémon*, peuplé de créatures rares, a gagné !

The Pokemon Company n'a d'ailleurs pas fini de célébrer ses personnages, car elle a annoncé en octobre 2021 un partenariat exclusif avec Universal Studios pour aménager un parc à thème Pokémon au Japon. Les dates sont encore floues quant à son ouverture, mais en tout cas pas avant fin 2022. Il devrait se situer dans l'enceinte du parc Universal Studios à Osaka. Les fans sont impatients…

Quiz express

Lequel de ces personnages n'est pas un Pokémon ?

a) Salamèche (*Hitokage*)
b) Roucool (*Poppo*)
c) Pikachu (*Pikachu*)
d) Globinou (*Pururat*)
e) Chenipan (*Caterpie*)

Réponse : d). Globinou ne fait pas partie des Pokémon et n'existe pas, même si le nom fait très *kawaii* ; sa traduction en japonais est une pure invention.

Keroppi

Même si vous ne connaissiez pas son nom, vous avez certainement déjà vu cette mignonne grenouille si vous vous êtes intéressé.e aux personnages de Sanrio. Une tête surdimensionnée, des yeux globuleux immenses, une bouche en V, cette sympathique grenouille arbore souvent un costume rayé rouge et blanc. Keroppi vit (encore et toujours) avec ses parents et frère et sœur dans la Kero Kero House, donnant sur l'étang Donut. Elle adore jouer, plus particulièrement au baseball et au boomerang. Un de ses meilleurs amis est l'escargot Den Den.

Keroppi a joué la star dans des jeux vidéo comme *Kero Kero Keroppi no Bouken Nikki* ou *Sanrio World Smash Ball.*

✿ Ufufy

Nous n'allons pas dresser la liste de tous les personnages *kawaii* de Sanrio (Little Twin Stars, My Melody, le pingouin Badtz-maru…) mais opérer un dérapage contrôlé, destination Disney. Les Ufufy – le mot vient de l'anglais *fluffy*, qui signifie « duveteux » – sont de petites peluches en forme d'œuf, pas plus grandes que la paume d'une main adulte, dont la ligne est sortie en 2016 sur le marché japonais de Disney. Nous y retrouvons le côté *kawaii* des personnages japonais, avec une gamme très colorée, des yeux en forme de boutons et le plus souvent une bouche absente. Ces peluches se vendent également aux États-Unis et en Europe. Si elles sont qualifiées de peluches japonaises, ce n'est qu'une astuce marketing puisqu'elles représentent des personnages de Disney. Elles sont même parfumées. En tout cas, elles sont vraiment mignonnes !

LES **MASCOTTES**

Qui dit *kawaii* dérive vers la mascotte. Nous les connaissons grâce aux universités américaines, aux clubs de foot, à Disney, à diverses enseignes. Chez les Japonais, cela va bien plus loin. On en trouve un peu partout, dans les entreprises privées comme publiques, du salon de coiffure au gouvernement en passant par les régions et les villes, assurant leur promotion. Même la police et les pompiers en ont adopté.

Pour exemple, la compagnie aérienne All Nippon Airways arbore fièrement le dessin géant de Pikachu sur les flancs de trois de ses avions ! Une marque de préservatifs fabriqués par Fuji Latex Co., Ltd. a choisi pour sa part Monkichi, un personnage de singe adorable, pour promouvoir sa marque (faut-il y chercher une signification ?). Les compagnies de train possèdent elles aussi leurs propres mascottes comme représentantes officielles. Et chacune des préfectures japonaises dispose de sa mascotte « mignonne », le plus souvent poilue ou à plumes ; la grande favorite est Kumamon, qui représente la préfecture de Kumamoto.

Jouissant d'une grande popularité, les mascottes, dont certaines déambulent dans les rues, ont trouvé dans le pays leur paradis.

✿ Une mascotte musicale *kawaii* ?

Nous l'avons dit, le *kawaii* pullule ! Nul besoin de le mouiller[1], il se reproduit sans effort de manière exponentielle.

---

1. NDLA : référence aux *mogwaï* du film *Gremlins*, qui se multiplient de manière incontrôlée lorsqu'on les mouille ou qu'on leur donne de l'eau à boire.

Cette fois-ci, place à un batteur : Nyango Star. Déguisé en ce qu'il définit comme une pomme rouge habitée par l'esprit d'un chat mort, cet excellent batteur de heavy metal qui s'est démarqué sur la scène internationale est originaire de Kuroishi, dans la préfecture d'Aomori, au nord du Japon. Pour la petite histoire, Nyango Star est un savant mélange de *nyan*, qui est l'équivalent de notre « miaou » en japonais, de *ringo*, qui signifie « pomme » (la préfecture d'Aomori est célèbre pour ses pommes), et de Starr, le nom de Ringo Starr, batteur du groupe des Beatles ! Grâce à la grande popularité de Nyango Star, l'économie de Kuroishi, ainsi que celle de la préfecture de manière générale, a connu un regain. Cet artiste mascotte fait la fierté de son village et de bien des Japonais.

LA **MODE VESTIMENTAIRE *KAWAII***

Il est inconcevable pour une Japonaise d'adopter un style *kawaii* sans se parer de couleurs, pastel ou vives, qui participent au côté innocent et attendrissant de son apparence. À la différence de la mode française, la mode *kawaii* est très personnelle et fouillée ; elle est censée représenter la personnalité de l'individu. Nous retrouvons néanmoins des classiques dans la jupe d'écolière plissée ou la jupe à froufrous, le gros nœud autour du cou, les chaussettes longues, les chaussures dotées d'éléments « mignons » et les sweat-shirts à motifs, de préférence des personnages de manga ou de dessin animé. Porter un sweat ample, plus grand que sa taille, renforcera l'aspect enfantin. Si en plus il est doté d'une capuche à oreilles de lapin ou d'ourson, il pourra que plaire !

Une grande importance est portée aux accessoires, qui sont indispensables pour compléter la tenue. Porte-clés en forme de sucreries, coques de téléphone duveteuses ou surmontées d'une minifigurine adorable, bijoux représentant des étoiles, des cœurs, etc., coques AirPods aux effigies de personnages *kawaii* de jeux vidéo, grands rubans pour les cheveux… la liste est interminable. Sans oublier l'indispensable sac-animal en peluche renfermant toutes sortes d'objets « mignons ».

Ne pensez pas pour autant que le *kawaii* ne se décline qu'en rose sage. Le style est constitué de plusieurs sous-branches telles que *decora*, *lolita*, *gothic lolita*, *pastel goth*… Autant d'allures particulières, dont certaines seront détaillées dans le chapitre « La mode pop » p. 57.

LE ***NAIL ART***

Voici un bel exemple de récupération d'une tendance américaine, revisitée selon les standards *kawaii* : la décoration des ongles. Là où les Américaines pensaient être arrivées au summum de l'originalité en peignant chaque ongle de couleur différente, les Japonaises ont porté le *nail art* à un niveau inégalé jusqu'à présent. Pour elles, c'est bien simple, si ce n'est pas travaillé, ce n'est pas du *nail art*. Et par *travaillé*, elles entendent des ongles ornés de dessins raffinés multicolores, mais également parés de petits objets collés, comme des nœuds, des paquets cadeaux, des perles, des feuilles séchées et même des personnages ! Il n'est pas tant question pour ces Japonaises de suivre une mode, que d'en créer une qui leur ressemble et qui leur plaît. Bon goût ou pas (selon nos raisonnables critères européens), rien ne fait peur à ces adeptes du *kawaii*... jusqu'au bout des ongles.

LE **MAQUILLAGE *KAWAII***

Pour ressembler à une enfant (puisque c'est l'image que cherche à véhiculer le *kawaii*), les yeux doivent paraître grands et ronds. Mascara sur les cils du haut et du bas, traits de crayon clair, eye-liner, fard à paupières coloré. Le rouge à lèvres doit rester discret, pour conserver l'apparence de l'innocence. Et le sourire doit toujours être prêt.

LES ***PURIKURA***

Quoi de mieux qu'une cabine de Photomaton pour immortaliser sa tenue ou son maquillage *kawaii* ! Les *purikura* sont très prisés par la jeunesse japonaise. Mais oubliez les Photomaton de nos stations de métro, glauques à souhait. Un *purikura*, c'est une cabine à thème où vous pouvez totalement personnaliser vos photos. Première différence par rapport à nos machines occidentales, vous vous tenez debout, devant un fond coloré ou vert, et de la musique est diffusée dès que vous commencez votre séance photo. Prenez les poses que vous voulez pour vos clichés, seul.e ou à plusieurs, puis rendez-vous sur le côté de la machine pour personnaliser vos prises de vue.

Vous pouvez changer de décor, de couleurs, dessiner ou écrire sur la photo avec un stylet tactile, ajouter des stickers ou des accessoires... Et voilà, ces photos deviennent vos œuvres d'art, à partager avec vos amis ! Dernière particularité, elles sont autocollantes.

Vous pouvez même envoyer vos photos customisées sur votre téléphone portable, par courrier électronique. Le must : certains *purikura* proposent parfois de transformer votre photo en avatar pour vos réseaux sociaux, ou de prendre de courtes vidéos de vous.

Les *purikura* sont très populaires auprès des collégiennes et des lycéennes. Pour fêter leur amitié, bien sûr, mais également parce que les *purikura* sont dotés d'une technologie permettant de modifier l'aspect des modèles sur la photo. Yeux agrandis, grain de peau affiné, jambes plus longues, etc. De quoi amuser et surtout faire rêver.

On trouve des *purikura* un peu partout, aux étages supérieurs des salles d'arcade, dans les centres commerciaux, dans les parcs d'attractions et jusque dans les gares.

LA CULTURE MANGA

Le manga est devenu le pilier culturel de l'économie japonaise. Il est une véritable institution, des buildings entiers s'en font le temple sacré. Tous les thèmes de la société sont abordés dans les histoires, dont le spectre s'étire du comique à l'horreur, en passant par le roman d'amour et la science-fiction, du plus innocent au plus sordide. N'est-il pas ainsi le meilleur média pour exporter la culture japonaise à l'étranger ?

Le mot *manga* est l'association de deux idéogrammes : *man*, pour « divertissant » ou « exagéré », et *ga*, pour « image, dessin ». On pourrait le traduire par « esquisse rapide », « dessin grotesque » ou « caricature ». Ses origines graphiques remontent aux récits imagés sur rouleaux de papier ou de soie (*emakimono*) du VIIIe siècle.

Cependant, le manga tel qu'il existe aujourd'hui sous forme de bande dessinée remonte aux années 1930-1940 ; et il n'a connu de véritable essor qu'après la Seconde Guerre mondiale, notamment avec l'apparition de héros tels que Astro Boy (Tetsuwan Atomu), d'Osamu Tezuka. Les dessins et histoires des mangakas (les auteurs de mangas) dénotent alors l'influence des Américains qui, lors de leur occupation du Japon, ont introduit la culture des comics dans le pays. Les aventures sont imprimées sur du papier de mauvaise qualité, en noir et blanc, dans des magazines vendus à bas prix. La croissance économique du Japon qui se profile dès lors, loin de signer la mort de ces bandes dessinées, ne fait que renforcer l'attrait pour ce média populaire.

Deux styles de mangas vont se développer : ceux qui reflètent la culture dite « *kawaii* » – dans laquelle la jeunesse japonaise trouve un refuge poétique et apaisant, bienvenu après la guerre – et ceux qui traduisent en filigrane un traumatisme et une humiliation qui auront du mal à s'effacer : les mangas de robots et d'aliens monstrueux sur fond d'apocalypse. Dans cette dernière catégorie de mangas, il est indispensable de restaurer la fierté et l'esprit guerrier des Japonais. Néanmoins, en approfondissant, de nombreuses inspirations sont empruntées à l'histoire et à l'identité du Japon, comme le renard à trois queues, ou encore de petits « fantômes » rappelant le shintoïsme, une religion fondée sur la croyance que tous les éléments naturels et animaux ont un esprit.

Aujourd'hui, la plupart des nouveaux mangas sont proposés au public japonais via des magazines de prépublication (*mangashi*), des recueils bon marché imprimés sur du papier recyclé. Ces magazines réunissent quelques chapitres d'une vingtaine de séries différentes de mangas, parfois plus, chacun centré sur une cible éditoriale définie (la partie « Les différents types de mangas » p. 33 détaille ces types et cibles). Leur nombre de pages est si conséquent qu'ils sont aussi gros que des Bottin ! Les plus populaires font l'objet d'une publication à part entière en volumes reliés, et verront pour certains leur vie prolongée par des anime, jeux vidéo, etc. Pour obtenir les noms des mangas recueillant la faveur des lecteurs japonais, une enquête de satisfaction est proposée sur une carte postale à l'intérieur du magazine, que les lecteurs renvoient en révélant leurs préférences. Le *mangashi* favori des Japonais est le *Weekly Shōnen Jump*, celui-là même qui a permis de faire connaître *One Piece*, *Dragon Ball*, *Naruto* et autres best-sellers.

Le manga qui était considéré jusqu'à présent comme le plus long de l'histoire – et donc *a priori* le plus populaire – comptabilise deux cents volumes, publiés entre 1976 et 2016. Son titre est *Kochira Katsushika-ku Kameari Kōen-mae Hashutsujo* (traduction : « Ceci est la station de police devant le parc de

Kameari de l'arrondissement de Katsushika »), d'Osamu Akimoto. Même le titre est long ! Il parle des innombrables mésaventures d'un policier immature et paresseux.

Mais ce manga a été détrôné en juillet 2021 par *Golgo 13*, de Takao Saitô, à l'occasion d'un 201e volume[1]. Et en avril 2022, Saitô en était déjà à son 204e volume[2]. En dehors de ces deux séries, si l'on considère les *sequels*, qui ont été sérialisés entre 2012 et juin 2018 dans le *Weekly Shōnen Champion*, c'est le manga de baseball *Dokaben*, de Shinji Mizushima, qui, à l'heure où sont écrites ces lignes, rafle la première place avec deux cent cinq volumes.

UN **MANGA** POUR **CHAQUE ACTIVITÉ**

À l'instar de nos bandes dessinées françaises, les mangas se déclinent en genres, s'adressant ainsi à divers publics. Mais le manga va bien plus loin car il en existe pour chaque activité ! La gastronomie, la musique, le sport, le jeu, la vie à l'école, le code de la route, la finance, etc. Oui, le manga peut aussi être pédagogique.

1. https://www.animenewsnetwork.com/news/2021-04-05/le-manga-golgo-13-entre-dans-le-livre-guiness-des-records-pour-son-nombre-de-tomes/.171484.
2. https://www.manga-news.com/index.php/manga-vo/Golgo-13-jp/vol-204.

LES **DIFFÉRENTS TYPES** DE **MANGAS**

Dans les mangas, tout est permis, ce qui est plutôt étonnant dans un pays où les codes sont stricts et où les consignes et instructions pullulent. Faut-il y voir une permissivité du gouvernement nippon visant à offrir un effet cathartique à ses concitoyens et à maintenir ainsi l'ordre ? Toujours est-il que certains mangas sont ultra-violents et/ou d'une sexualité totalement débridée, pouvant heurter dans ce dernier caractère nos positions occidentales en matière de sexisme et de pornographie aux limites de la pédophilie. En effet, les personnages féminins des mangas ont la majorité du temps des traits et attitudes propres à l'enfance – même si certaines filles sont mentionnées comme étant des adultes –, avec des comportements stéréotypés ; et elles sont hypersexualisées dans les mangas pour adultes.

Afin que vous sachiez vous orienter vers ce qui vous intéresse, voici différents genres de mangas, par publics ciblés, proposés aux Japonais et au monde entier.

Les *komodo*

Ce sont les mangas réservés aux enfants, généralement de 6 à 11 ans. Les personnages sont très jeunes, les histoires sont parfois teintées de morale et mettent en avant certaines valeurs, comme la persistance et le courage. Nous retrouvons ici des séries comme *Pokémon* et *Doraemon*.

Les *shōnen*

Destinées aux adolescents, leurs histoires font souvent état d'un personnage orphelin qui tout au long d'un parcours initiatique se démarque comme héros ou grand combattant pour le bien. *Dragon Ball*, *One Piece* et *Naruto* en sont de bons exemples. Les *shōnen manga* comportent des sous-catégories, comme le *shōnen gakuen* – dont les aventures se situent en milieu scolaire –, et le *shōnen mecha*, où les héros utilisent des armures pour combattre.

Les *shōjo*

Ces bandes dessinées sont destinées aux jeunes filles. Il y est principalement question d'histoires d'amour et d'amitié, souvent au collège ou au lycée. Ces mangas incluent le genre fantasy avec le sous-genre *magical girl*, où une petite fille se transforme en fille plus mature dotée de pouvoirs magiques – souvent grâce à un objet venu de l'espace – et joue les héroïnes. Des titres comme *Black Bird*, *Je ne suis pas un ange* ou *Sailor Moon* (dans le genre *magical girl*) font partie des *shōjo manga*.

Les *seinen*

Ces mangas (ou anime ou films) ciblent un public d'étudiants et de jeunes adultes masculins. *Seinen* signifie « jeune homme » au Japon. Les thèmes ici sont plus sérieux, moins idéalisés ; ils incluent les sports de combat, le thriller et la guerre. Les scénarios y sont également plus poussés. Citons *Akira* ou *Ghost in the Shell*. *Bersek* entre également dans cette catégorie : un univers de *dark fantasy*, une histoire dramatique, des scènes de sexe…

Les *josei*

Presque l'équivalent féminin du *seinen manga*, les *josei* s'adressent à un public de femmes adultes, dans la vie active et/ou mariées. Ils incluent le genre science-fiction, romantique ou érotique. Des sujets comme la maternité et l'homosexualité y sont abordés.

Les *yayoi*

Ces mangas racontent les relations amoureuses de jeunes hommes homosexuels, mais ils ont étrangement pour cible un public féminin. Dans les mangas ***yuri***, ce sont les aventures de couples lesbiens qui sont racontées.

Les *ecchi*

Ce sont des mangas à caractère érotique, mettant en scène la plupart du temps des hétérosexuels.

Les *hentai*

Ce genre pourrait s'apparenter à nos revues pornographiques. Les images sont explicites, les fantasmes mis en scène crûment. Attention : peut heurter la sensibilité des lecteurs occidentaux.

Il est certain que cette répartition par publics n'empêchera pas des lecteurs de s'approprier un genre pour lequel ils ne sont pas ciblés. Par exemple, le magazine *Shōnen Jump*, destiné à un public préadolescent masculin, est lu de même par des jeunes filles et des adultes.

LE **MANGA RÉVISIONNISTE**

Oui, il existe même des mangas révisionnistes ! Le mouvement qui vise à nier les crimes perpétrés par l'armée impériale japonaise entre 1937 et 1945 ne date pas d'hier, mais il a trouvé un soutien précieux en la personne du mangaka Yoshinori Kobayashi. Celui-ci, dans son *Senso-ron* (« la théorie de la guerre[1] »), remanie l'Histoire en vantant la vaillance des soldats de l'empereur de l'époque, rejetant la responsabilité d'une guerre expansionniste agressive et reniant entre autres le massacre de Nankin, malgré les témoignages et les documents d'archives militaires. Pour lui, l'expansionnisme était une réaction justifiée par « l'impérialisme occidental raciste » d'alors et n'était qu'une guerre de libération des peuples d'Asie. Des thèses qu'il est toujours plus facile de faire passer auprès d'une jeunesse nippone n'ayant pas vécu la Seconde Guerre mondiale et fragilisée par une crise économique et sociale.

1. Yoshinori Kobayashi, *Shin gomanizumu, Sensoron* (« Manifeste pour un nouvel orgueillisme, théorie de la guerre »), paru à partir de 1995 dans le bimensuel *Sapio.*

Quiz express

Dans le manga *Naruto*, quel est le rêve de Naruto Uzumaki ?

a) Devenir le meilleur *hokage* (chef de village)
b) Faire le tour du monde
c) Attraper une étoile et la chevaucher
d) Qu'on l'oublie

Réponse : a). Et il y travaille dur !

LES *DŌJINSHI*

Ce sont des mangas que leurs auteurs, amateurs ou professionnels, font connaître sur Internet et les réseaux sociaux, ou lors de conventions, comme le Comiket – la plus grande convention de *dōjinshi* au monde – et Comitia, parmi d'autres. Ces mangas sont le plus souvent des parodies ou des suites alternatives d'autres œuvres populaires. Les *dōjinshi* sont publiés en éditions limitées, pour ne pas tomber sous le coup d'atteinte aux droits d'auteur.

Cette forme de publication est une façon pour ces artistes de se faire connaître, ou encore de s'affranchir de la pression des éditeurs classiques et de toucher un revenu plus important sur les ventes de leur travail. L'équivalent de nos autoédités, en quelque sorte.

LE ***KEITAI SHŌSETSU***

Les jeunes Japonais sont de grands timides, nous dit-on. Ce qu'ils n'osent dire à voix haute, ils l'écrivent sous forme de romans sur leur téléphone. Le *keitai shōsetsu*, ou roman de téléphone portable, est né dans les années 2000, à l'époque de l'apparition des réseaux sociaux sur Internet et de la commercialisation des téléphones à écran tactile. Il consiste à publier des histoires sur son Smartphone par messagerie instantanée, qui sont lues via cet objet connecté. Le style doit être concis, incluant monologues et dialogues. La qualité d'écriture n'est pas un critère. Les chapitres sont très courts, composés en général de cinquante à cent mots. Les lecteurs ont la possibilité de partager avec l'auteur leurs points de vue sur l'histoire.

Les thèmes récurrents de ces nouveaux moyens de communication sont sans surprise l'amour, le sexe, la drogue, ou d'autres problématiques telles que la grossesse chez les adolescentes et l'avortement. Certains *keitai shōsetsu* sont si populaires qu'ils font l'objet de séries télévisées, de films et de publications papier. Ainsi, le très connu *Koizora*, de Mika, regardé près de douze millions de fois en ligne, a été adapté en film en 2007 et en manga et série télévisée en 2008.

LES ROBOTS COMBATTANTS

Les robots font bien sûr partie intégrante de la culture pop japonaise. Le pays en exhibe de toutes les formes et de toutes les tailles !

Derrière l'engouement des Japonais pour la technologie de pointe, les robots guerriers ont été avant tout la réponse dans l'inconscient collectif au traumatisme de la Seconde Guerre mondiale et à une défaite humiliante. L'empire du Soleil-Levant, qui se jugeait jusqu'alors invincible, avait été écrasé, mettant à bas les mythes guerriers anciens. Il fallait un moyen de redonner confiance aux Japonais autrement que par la guerre.

Les États-Unis, vers la fin des années 1950, avaient participé au développement technologique du Japon afin de restaurer l'économie du pays. Ce dernier saisit l'occasion pour devenir en l'espace de vingt ans une grande puissance économique mondiale. Sony, Honda et Matsushita y jouèrent un rôle majeur.

Côté presse, cet esprit conquérant se transposa, par le biais de mangas et d'anime, dans des robots héros de substitution qui devinrent vite populaires. Le « dieu du manga » Osamu Tezuka fut l'un des pionniers à imaginer un robot comme héros. Son Tetsuwan Atom (Astro Boy), le petit garçon robot doté de superpouvoirs, vit le jour sous forme de manga en 1951. Il eut un grand impact sur les esprits, faisant passer le message que les robots et les humains peuvent potentiellement vivre en harmonie. Le personnage étant touchant, les Japonais l'adoptèrent sans hésiter. Du manga, Tetsuwan Atom passa à l'anime et sa popularité devint internationale suite à l'Exposition universelle du Japon en 1970.

Tetsuwan Atom inspira de nombreux robots, dont le *kawaii* Doraemon, extrêmement populaire, créé par Hiroshi Fujimoto et Motoo Abiko. Le gros chat bleu est un robot issu du XXIIe siècle, qui entasse dans sa poche une multitude de gadgets technologiques de son époque, et qui est revenu dans le passé pour prendre soin d'un jeune garçon, Nobita. Le chat Doraemon est aussi connu au Japon que Mickey Mouse.

LES *MECHA*

Les *mecha* – dans le sens qui nous intéresse ici – font partie de la science-fiction, incarnant des robots géants de forme humanoïde, pilotés de l'intérieur par des humains ou des aliens, qui s'affrontent dans de terribles combats. La référence aux anciens samouraïs, ainsi qu'à l'invasion d'un pays par une puissance étrangère (figurée par des extraterrestres attaquant la Terre), est souvent manifeste.

C'est le manga *Tetsujin 28-gō*, de Mitsuteru Yokoyama, qui en 1956 lancera la mode des *mecha* au Japon. *Mazinger Z*, de Gō Nagai, sera en 1972 le premier manga mettant en scène des robots géants pilotés de l'intérieur. À partir de là, les robots géants ne feront que grandir en popularité, avec des scénarios simplistes mais des combats ultra-violents, la plupart du temps sur trame post-apocalyptique.

DES **ROBOTS** DANS LA **VILLE**

Quand il s'agit de redorer le blason d'une nation, les Japonais aiment faire les choses en grand, et cela se voit ! Des robots géants se dressent en effet dans plusieurs grandes villes de la péninsule, vantant la puissance de la nation nippone. Une statue de Gundam de dix-huit mètres de haut a par exemple été érigée sur l'île artificielle d'Odaiba à Tokyo en 2009.

✿ Les robots de *Gundam*

La saga *Mobile Suit Gundam*, créée par Yoshiyuki Tomino et Hajime Yatate et diffusée pour la première fois en 1979, est une véritable institution au Japon – plus populaire que *Star Wars* ! Il fallait donc lui faire honneur pour ses quarante ans de bons et loyaux services. C'est pourquoi une version grandeur nature – articulée et motorisée ! – du robot de la série *Gundam*, RX-78-2, a posé le pied dans la ville de Yokohama en septembre 2020. Mesurant dix-huit mètres de haut et pesant vingt-cinq tonnes, il est capable de marcher et de poser un genou au sol, ainsi que de bouger ses bras et ses mains également articulés.

Et, depuis décembre 2021, le premier Nu Gundam RX-93FFv grandeur nature est exposé dans le quartier Hakata à Fukuoka. Il avoisine les vingt-cinq mètres de hauteur. De quoi voir arriver les ennemis intergalactiques de loin !

✿ Le robot-soldat du *Château dans le ciel*

N'oublions pas les robots emblématiques du célèbre film d'animation japonais *Le Château dans le ciel*, écrit et réalisé par Hayao Miyazaki et produit par le Studio Ghibli en 1986.

Ce long-métrage fantastique, à la fois philosophique et initiatique, symbolise le rêve d'un monde meilleur. Les gardiens du château dans le ciel sont des robots géants, vestiges d'une civilisation disparue. Et c'est l'un de ces robots-soldats qui a été reproduit grandeur nature au musée Ghibli à Mitaka, dans la banlieue de Tokyo. Depuis la terrasse du musée, il veille sur les visiteurs.

LES **GUNDAM CAFÉ**

S'il y avait bien un endroit où l'on pouvait retrouver l'ambiance de *Gundam*, c'est dans ces cafés à thème, au design totalement futuriste ! Six Gundam Café avaient ouvert au Japon depuis 2010, à Tokyo, Osaka, Fukuoka et Yokohama. Hélas, en novembre 2021, la chaîne Gundam Café a annoncé fermer boutique dans les trois mois. Le dernier, à Gundam Factory Yokohama (un Gundam Café éphémère), a tiré sa révérence le 31 mars 2022. Néanmoins, il a été fait allusion à un nouveau projet qui pourrait de nouveau réunir une communauté de fans. À suivre…

LE CINÉMA CULTURE POP

Le cinéma japonais a influencé de nombreux cinéastes occidentaux, tant par la maîtrise du cadrage que par la maestria de ses scènes de combat, à la fois pop et violentes. Quentin Tarantino et Sergio Leone, parmi d'autres, se sont inspirés de grands cinéastes japonais tels qu'Akira Kurosawa, Hideo Gosha ou Kinji Fukasaku pour donner consistance à des chefs-d'œuvre comme *Kill Bill*, *Pulp Fiction* ou encore *Les Sept Mercenaires* (le dernier étant une adaptation décalée des *Sept Samouraïs* d'Akira Kurosawa).

LES **FILMS** À **MONSTRES**

Le Japon a été fortement marqué par la Seconde Guerre mondiale et les événements tragiques d'Hiroshima et de Nagasaki. La péninsule doit également faire face aux catastrophes naturelles qui frappent régulièrement le pays. Aussi les films de monstres japonais – de même que de nombreux mangas – font-ils souvent état d'une destruction imminente du monde suscitée par de gigantesques monstres, appelés *kaijū*, venus d'autres planètes ou des profondeurs marines. Et bien sûr d'un héros au courage incommensurable, qui consacrera toute son énergie à sauver l'humanité de cette menace, glorifiant le guerrier japonais capable de se relever et de tout reconstruire.

Godzilla, Rodan, Mothra, Gamera, etc., tous ces *kaijū* ont en commun d'être monstrueux, géants, puissants et animés la plupart du temps de fort mauvaises intentions !

Godzilla

L'une des plus célèbres allégories de l'arme nucléaire fait état d'un horrible monstre mutant, Godzilla, terrorisant les humains depuis ses différentes hauteurs (il est en effet passé d'une taille de quinze mètres à ses débuts en 1954 à cent dix-huit mètres en 2016). C'est Tomoyuki Tanaka et Ishirō Honda qui ont respectivement produit et réalisé le premier film sur Godzilla, une sorte de saurien préhistorique de fort mauvaise humeur. Godzilla, ayant été réveillé puis irradié par des bombes nucléaires, ce qui lui a valu ses pouvoirs, a un temps symbolisé l'arme militaire dévastatrice, inspirant la crainte et devant laquelle l'humain se trouve impuissant.

Plus d'une trentaine de films lui ont été consacrés à ce jour depuis sa création. Selon les productions, le monstre peut devenir « gentil », prêtant main-forte aux humains dans leurs combats contre d'autres *kaijū* ; mais surtout, il passe un temps incroyable à tout détruire sur son passage, ayant quelques difficultés à gérer son gabarit hors norme. Ce revirement du méchant au gentil a été décidé par les réalisateurs pour de probables raisons de profitabilité, car une nature plus attachante de Godzilla leur permettait de toucher un public plus large et plus jeune. Mais le *kaijū* reprend son rôle de vilain avec la série animée japonaise de 2021 appelée *Godzilla : Singular Point* (ou *Godzilla : l'Origine de l'invasion*), dans laquelle il terrorise de nouveau l'humanité du haut de ses, cette fois-ci, trois cents mètres !

Toujours est-il que Godzilla a ses fans et son propre festival, chaque année à Tokyo, où il est vénéré quasiment au même titre qu'une divinité religieuse, par toutes les générations.

LES **ANIME**

Les séries ou films d'animation japonais, nés au début du XXe siècle, ont connu leur premier succès en 1963 avec *Astro, le petit robot*, l'anime d'Osamu Tezuka. Puis ils se sont développés dans le genre *mecha*, pour finalement être intégrés à la culture populaire dans les années 1980. La production d'anime a alors explosé et de gros moyens ont été mis en œuvre dans les réalisations. *Akira* (Katsuhiro Otomo), *Ghost in the Shell* (Masamune Shirow pour le manga, Mamoru Oshii et Kenji Kamiyama pour l'anime), *Le Voyage de Chihiro* (Hayao Miyazaki), *Evangelion* (Yoshiyuki Sadamoto pour le manga, Hideaki Anno pour l'anime), autant de noms célèbres d'anime, de créateurs et de réalisateurs.

Les anime sont considérés comme des œuvres tout à fait sérieuses au Japon. Ils sont destinés principalement à un public japonais, à même de comprendre la philosophie et les valeurs transmises par le film ou la série. Il existe trois grands types d'anime : les séries, qui sont diffusées à la télévision et durent moins d'une demi-heure (*Pokémon, Candy, Dragon Ball*) ; les OVA (*original video animation*), qui sont produits uniquement pour la vente en vidéo (*Mobile Suit Gundam, L'Attaque des Titans, One Piece*) ; les films destinés aux salles obscures (*Le Château dans le ciel, Princesse Mononoké*).

Le studio Toei Animation

Le studio Toei Animation (appelé Toei Doga au Japon) est un peu l'équivalent asiatique de Walt Disney. *Goldorak, Albator, Sailor Moon, One Piece,* tous ces chefs-d'œuvre ont été conçus et réalisés ici.

Le premier long-métrage en couleur du studio est sorti au Japon en 1958. Il s'agissait du film *Le Serpent blanc,* inspiré d'une légende chinoise. Entre la fin des années 1950 et les années 1960, le studio s'est inspiré de Disney en produisant à peu près une fois l'an un long-métrage pour enfants. À partir de 1963, il a élargi ses activités en produisant également des séries animées pour la télévision. Et quelle matière plus riche à récupérer que les mangas à succès ! Parmi ses plus grosses réussites, citons *Dr. Slump, Dragon Ball, Saint Seiya, Super Mario Bros. : Peach-Hime Kyushutsu Dai Sakusen !* et *Digimon.*

C'est en octobre 1998 que Toei Doga est devenu Toei Animation. Un petit musée s'est ouvert en 2003 dans son enceinte même, qui, entre autres, explique – de façon sommaire – le processus de création d'un épisode de série.

Le studio se situe dans l'arrondissement de Nerima, à l'ouest d'Ikebukuro, à Tokyo. Il possède bien entendu sa propre mascotte, qui n'est autre que le chat Perro, héros du film d'animation japonais *Le Chat botté*, sorti en 1969 et inspiré du conte éponyme de Charles Perrault.

Le Studio Ghibli

Le Studio Ghibli a été fondé par Hayao Miyazaki et Isao Takahata en 1985. Il a grandement contribué à diffuser la culture pop et les valeurs traditionnelles japonaises dans le monde. Il suffit de regarder l'anime *Le Voyage de Chihiro* pour s'en convaincre : une petite fille de 10 ans, sobre, vertueuse et travailleuse, face à des personnages matérialistes et égoïstes.

Le studio est bien connu pour ses longs-métrages d'animation, mais il produit également des courts-métrages, des téléfilms et des séries, ainsi que des jeux vidéo. Dans un hommage à l'anime *Mon voisin Totoro*, que le studio a produit, sa mascotte n'est autre que Totoro.

Miyazaki a commencé sa carrière au studio Toei en 1963 comme intervalliste (celui qui dessine les illustrations manquantes autour des images clés d'un anime). Il fonda son propre studio en 1985, le Studio Ghibli, grâce au succès incontesté de l'adaptation cinématographique de *Nausicaä*, sorti en novembre 1984.

Le Château dans le ciel est le premier long-métrage du Studio Ghibli. C'est toutefois *Mon voisin Totoro*, sorti en 1988, qui verra la consécration de Miyazaki – et l'équilibre financier tant attendu du studio. Avec les recettes de *Kiki la petite sorcière*, sorti en 1989, les bases financières seront enfin assurées.

Dans les premières années du studio, seuls Miyazaki et Takahata réalisaient leurs films. Puis ils donnèrent leur chance à d'autres auteurs, comme Yoshifumi Kondo, qui était toutefois un collaborateur de longue date des fondateurs.

Princesse Mononoké, sorti en 1997, explosera toutes les ventes. Désormais, la renommée de Miyazaki et du Studio Ghibli abat les frontières et s'exporte à l'international. *Le Voyage de Chihiro*, en 2002, fera encore mieux non seulement en termes de recettes, mais encore en termes de récompenses à l'étranger.

LES ***SUPER SENTAI***

Les *Super sentai*, ce sont ces séries télévisées japonaises pour enfants, avec super-héros à la clé. Le schéma d'une série à l'autre varie peu : un groupe de cinq héros en costume, chacun de couleur différente, qui luttent contre le mal. Le leader du groupe est toujours en rouge. Ils sont dotés de pouvoirs surhumains, comme tout super-héros qui se respecte. Ils combattent des méchants, monstres ou robots géants, et les épisodes se terminent sur une leçon de morale qu'a tirée un héros de son aventure du moment. La série s'étire en général sur une cinquantaine d'épisodes.

Sentai est un mot qui signifie « escadron de combattants ». *Bioman* est bien connu en France, grâce au « Club Dorothée », ainsi que *Power Rangers*. Certains des *Super sentai* les plus connus et appréciés au Japon sont *Battle Fever J*, *Jetman*, *Kousoku Sentai Turboranger* et bien entendu *Bioman*. Les *Super sentai* existent au Japon depuis le milieu des années 1970.

LES ***DRAMA*** **JAPONAIS**

Séries télévisées sous forme de feuilletons, les *drama* japonais (appelés également *dorama*) sont très populaires dans leur pays. Et on peut dire qu'ils foisonnent au Japon. On en trouve de tous les genres : aussi bien de la romance que du fantastique, de l'horreur, du comique, du drame… Certaines séries sont même des adaptations de mangas ou d'anime.

Cette fois, nous avons affaire à de véritables acteurs et actrices, et non à des personnages animés ; et il n'est pas rare que des rôles soient tenus par des idoles ou autres célébrités japonaises. Dans ces épisodes à rebondissements, nous suivons les péripéties et l'évolution de divers personnages soumis aux aléas de la vie. Comme il se doit, les valeurs transmises sont le travail, le courage, la responsabilité et un je-ne-sais-quoi de « tout est possible si l'on y met suffisamment d'acharnement ».

EdoMoiselle, *Ichi Rittoru No Namida*, *Tokkai*, *Hana Yori Dango*, *Kimi to Sekai ga Owaru Hi ni*, autant de *drama* pour vous plonger dans la culture pop nippone. Avis aux curieux : certains *drama* passent sur Netflix.

Quiz express

Parmi ces anime, lequel n'a pas été créé par Miyazaki ?

a) *Le Château dans le ciel* (*Tenkū no shiro Rapyuta*)
b) *Princesse Mononoké* (*Mononoke hime*)
c) *Le vent se lève* (*Kaze Tachinu*)
d) *Sailor Moon* (*Gekijōban Bishōjo Senshi Sērā Mūn Etāneru*)
e) *Boro la petite chenille* (*Kemushi no Boro*)

Réponse : d). *Sailor Moon*, qui traite des aventures d'Usagi Tsukino, héroïne aux pouvoirs magiques, est une création de la mangaka Naoko Takeuchi.

LES JEUX POPULAIRES AU JAPON

LES **JEUX VIDÉO**

Si les personnages des jeux vidéo étaient à l'origine ceux de mangas ou d'anime, le jeu vidéo a finalement créé ses propres héros, propageant ainsi la culture *kawaii*. Citons pour exemple les Pikmins, sortes d'hybrides entre le végétal ou le minéral et l'animal, qui sont apparus sur GameCube. Sans oublier les incontournables Pokémon, ou encore les Invokeurs, Nains, Mogs, etc. de *Final Fantasy*.

Le jeu vidéo est une industrie majeure au Japon. Plutôt que d'énumérer une liste ennuyeuse de noms de sociétés japonaises dans le domaine, voici quelques anecdotes, bien plus savoureuses : saviez-vous qu'en 1979 le ministère de l'Économie japonais a découvert que la pénurie temporaire de pièces de 100 yens dans le pays était due au jeu d'arcade *Space Invaders* ? En effet, les deux cent mille machines en opération à l'époque avaient avalé les pièces à un tel rythme effréné que les collecteurs de ces bornes n'avaient pas eu le temps de les remettre dans le circuit. Il faut dire que ce nouveau jeu vidéo était le premier à proposer une sauvegarde pour enregistrer ses meilleurs scores…

Lorsque le jeu vidéo *Dragon Quest III* est sorti dans les bacs en 1988, il y eut un tel taux d'absentéisme dans les entreprises et les écoles que la société Square Enix décida par la suite de viser le week-end ou les vacances scolaires pour mettre ses nouveaux titres sur le marché.

Pour finir, à Osaka, un gymnase Pokémon ouvre ses portes aux apprentis dresseurs depuis 2015, afin que ceux-ci puissent s'y entraîner grâce à la technologie de reconnaissance de mouvements et de réalité augmentée. Qui a dit que les Japonais étaient incroyables ?

Quiz express

Lesquelles de ces consoles de jeux ne sont pas japonaises ?

a) Nintendo Switch
b) PlayStation
c) Mega Drive Mini
d) Xbox
e) Atari Flashback

Réponses : d) et e). La Xbox est un produit de Microsoft ; quant à Atari Flashback, même si le nom Atari sonne japonais, la société était américaine avant d'être rachetée par Infogrames (société française) en 2003. La Nintendo Switch appartient à... Nintendo, la PlayStation à Sony et la Mega Drive Mini à Sega ; soit trois sociétés, elles, bien japonaises.

LES **SALLES D'ARCADE**

Les salles d'arcade foisonnent au Japon. On en trouve même dans de petites villes. Ce sont d'immenses bâtiments où le jeu est à l'honneur et où tout est fait pour que vous dépensiez le plus d'argent possible. Que ce soit pour des jeux de combat, de tir, de courses de voitures, pour des machines à pinces (les *UFO catchers*) ou encore pour des jeux de rythme, la monnaie sonnante et trébuchante est le seul « jeton » admis. Les *UFO catchers* sont particulièrement populaires car les lots sont continuellement renouvelés, ce qui les rend limités, donc rares, donc convoités : figurines récentes, peluches adorables, mais aussi ustensiles de cuisine et tout ce qui peut passer par la tête. Mieux encore, les *UFO catchers* ne sont pas truqués, vous pouvez réellement attraper quelque chose. Enfin, les salles d'arcade japonaises ne sont pas si différentes de nos salles, si ce n'est qu'on peut s'y asseoir devant des simulateurs d'un genre très particulier (pilotage de *mecha* – via des titres qui vous placent aux commandes de robots géants –, conduite de trains, plongée dans des films ou des séries célèbres…) pour une expérience en immersion quasi totale.

MONSTER STRIKE

Monster Strike est le jeu sur Smartphone numéro un au Japon. De genre RPG, ce jeu de stratégie en mode multijoueur réalisé par Yoshiki Okamoto et développé par Mixi est sorti en 2013. Il consiste à affronter des vagues successives d'adversaires, et à collectionner, fusionner et faire évoluer des monstres. À chaque fin de quête, le joueur affronte un boss, toujours plus puissant que le précédent. Le jeu n'est pas si différent des autres du même genre et rappelle même beaucoup *Pokémon*, si ce n'est que le joueur doit viser et frapper ses adversaires avec ses propres personnages comme dans un jeu de billard. Le RPG est si populaire qu'il était en 2020 la deuxième application mobile la plus rentable de l'Histoire, avec 9,6 milliards de dollars de revenus, alors qu'il est plutôt inconnu en dehors du Japon. Sa version anglaise a même été arrêtée en 2017 devant le manque d'intérêt de la communauté des joueurs.

LE ***PACHINKO***

Le *pachinko* est un croisement entre le flipper et la machine à sous. C'est l'un des jeux les plus populaires au Japon. Les salles de *pachinko* se voient de loin grâce à leurs enseignes lumineuses multicolores. Les effets sonores à l'intérieur sont omniprésents, et les couleurs électriques.

Dans ce jeu de hasard, le joueur doit lancer le plus de billes possible dans des trous gagnants. Le plateau du *pachinko* est vertical, similaire à un flipper, et les billes sont insérées par le haut de la machine. Chaque fois que des billes entrent dans un trou gagnant, la machine en lâche de nouvelles, et ainsi de suite. Et, comme pour les machines à sous, certains trous déclenchent trois roues : si trois symboles identiques sont alignés, c'est le pactole !

Le Japon interdit les jeux d'argent, cependant il est toujours possible d'échanger ses billes contre des yens, et les Japonais l'ont bien compris. Lorsqu'ils rapportent leurs billes au comptoir, elles sont en général échangées contre de petits cadeaux, allant de la paire de chaussettes à de la nourriture en passant par des CD ou des DVD. Mais il suffit au joueur de réclamer des cadeaux « spéciaux » (des tickets ou des plaques en métal), et il va pouvoir les échanger contre de l'argent dans un autre établissement, à quelques dizaines de mètres de la salle de *pachinko*. Une façon légale de détourner la loi japonaise qui interdit l'échange direct des billes en monnaie. Attention : la plupart des *pachinko* sont tenus par la mafia japonaise, les yakuzas. Donc, de même qu'à Las Vegas, si on vous dit que c'est bon pour aujourd'hui, n'insistez pas.

Si l'addiction au *pachinko* existe bel et bien, les jeunes Japonais ont aujourd'hui plutôt tendance à se focaliser sur les jeux vidéo et autres divertissements.

LES **JEUX TÉLÉVISÉS**

Les Japonais sont bien moins pudiques dans les jeux télévisés que dans leurs relations sociales et professionnelles. Nos émissions de téléréalité peuvent pâlir devant l'audace de certains jeux au Japon, dont le sexe, l'humiliation et parfois même le sadisme sont les ingrédients à part entière. Pourtant, ces jeux sont appréciés dans la culture populaire.

Entre devoir deviner si des fesses nues appartiennent à un homme ou une femme (et les embrasser pour le savoir), se faire attaquer par un animal dangereux en étant enfermé dans une boîte en métal, se faire momifier et placer dans un cercueil tout en répondant à des questions, souffler un insecte dans la bouche d'une autre personne par le biais d'un long tube ou se faire courser par un varan en ayant une pièce de viande accrochée à soi… vous l'avez compris, ils ne reculent devant rien, ces Japonais ! Et n'a été abordée ici que la version soft…

Chapitre 2

LA **MODE POP**

Même si la tendance actuelle penche hélas en faveur de vêtements bien plus sages et conformistes, il serait dommage de ne pas parler de ces modes qu'on ne trouve qu'au Japon, tant elles sont libres et fantaisistes. Prions pour que ces tenues originales éclaboussent à nouveau les rues de leur splendeur.

Decora, lolita, gothic lolita, yume kawaii, pastel goth, gyaru, himegyaru, visual kei… tous ces noms si exotiques à notre oreille annoncent bien à quel point la jeunesse nippone s'est amusée avec des styles vestimentaires que personne en France n'oserait arborer en dehors d'une soirée déguisée. Et encore. Dans la culture pop japonaise, ces façons de se vêtir sont – faut-il le conjuguer aujourd'hui au passé ? – une façon de revendiquer sa propre identité face à l'anonymat du groupe. Il n'est pas question ici de ressembler à quelqu'un d'autre. Même avec un style sobre, les accessoires et autres mignonneries doivent être très personnels et portés à la discrétion de chacun. Si les fashionistas semblent avoir rejeté la tradition, leurs tenues comportent souvent, néanmoins, un élément du style vestimentaire traditionnel japonais.

UN QUARTIER, DES STYLES

Le quartier d'Harajuku, dans l'arrondissement de Shibuya, à Tokyo, est le temple de la mode alternative nippone, là où toutes les tendances fleurissent. Le style Harajuku est apparu après la Seconde Guerre mondiale, s'inscrivant dans un mouvement contestataire de la jeunesse tokyoïte envers les règles strictes et l'uniformisation exigée de la société japonaise. Si, au départ, ce style consistait à associer des vêtements occidentaux modernes à des vêtements japonais traditionnels, de nombreuses tendances en ont découlé, telles que les styles *sweet lolita*, *gothic lolita*, *gyaru* ou encore *visual kei.*

L'important dans la mode Harajuku est de mêler différents styles et tendances, couleurs et motifs. En gros, de prendre des vêtements au hasard dans sa garde-robe et de superposer plusieurs couches, de différentes longueurs par exemple. On n'oublie pas de compléter sa tenue avec des accessoires, indispensables, et de colorer ses cheveux en bleu, vert, rose, etc., au choix. Des couettes, une queue-de-cheval ou une coiffure « sage » ajouteront un effet *kawaii* rafraîchissant. Le principal est de s'habiller comme on le souhaite et de créer son propre style. Lorsqu'on assume, le résultat peut être très chic !

Passons en revue quelques styles parmi les plus connus.

LE **STYLE** ***LOLITA*** ET SES **DÉCLINAISONS**

Ce style élégant et raffiné s'inspire de la mode des XVIIIe et XIXe siècles. Dentelles, froufrous, rubans, sac en forme de cœur, canotier. On pourrait s'imaginer que toutes les *lolitas* ressemblent aux petites filles de la série *La Petite Maison dans la prairie*, mais le style *lolita* inclut plusieurs sous-catégories distinctes. Les plus connues sont *sweet lolita* et *gothic lolita.*

Dentelles, froufrous, rubans, sac en forme de cœur, canotier.

Chez la ***sweet lolita***, les couleurs tendres sont privilégiées, avec un maquillage léger et une coiffure sage mais colorée. Très poupée. Et très bonbon.

Chez la ***gothic lolita***, on retrouve la victorienne typique, avec ses vêtements noirs ou noir et blanc, agrémentés de quelques touches de rouge ou de violet ici et là (parfois dans les cheveux). Les accessoires qui agrémentent ce style sont par exemple la croix et la tête de mort. Le maquillage est plus appuyé, une frange et des anglaises peuvent encadrer le visage.

Il existe une multitude de styles *lolita*, du ***classic*** au ***guro*** (appelé également *horror lolita*, un style plutôt « ensanglanté »), en passant par le ***wa*** (qui apporte au kimono traditionnel la fantaisie du style *lolita*) et le ***ero*** (penchant vers le fétichisme). Une chose est sûre : on les remarque.

LE **STYLE *DECORA***

Comme son nom le laisse deviner, ce style accumule les accessoires de décoration, façon sapin de Noël surchargé. Superposition de vêtements, lunettes, ceinture, bracelets, bagues et barrettes en plastique de toutes les couleurs, nœuds et étoiles dans les cheveux et sur les vêtements, petit personnage en peluche porté à la main, cheveux colorés, maquillage avec des cœurs, le tout dans des tons acidulés qui brûlent nos pauvres yeux d'Occidentaux. La seule règle étant peut-être de garder une couleur dominante. Ce style a gagné en popularité grâce à la célèbre chanteuse pop et mannequin Kyary Pamyu Pamyu. Et, oui, c'est *kawaii*.

LE **STYLE *VISUAL KEI***

L'Occident n'est pas étranger à ce style vestimentaire rock limite SM et au maquillage extravagant. David Bowie ou encore le groupe Kiss ont grandement inspiré les artistes underground japonais des années 1980, fascinés par les tenues provocatrices de ces musiciens et chanteurs emblématiques. Néanmoins, le style fait également référence aux vêtements élaborés du Kabuki, une forme de théâtre traditionnel japonais où, jusqu'à récemment, les rôles féminins étaient joués par des hommes.

Les vêtements, sombres ou colorés, empruntent pour beaucoup à la mode punk, mais on trouve aussi bien des groupes musicaux *visual kei* jouant du metal que du rock ou du rap. Les coiffures sont élaborées, les cheveux teintés ou décolorés ; le maquillage des yeux, autant pour les garçons que pour les filles, est accentué au niveau des yeux.

LE **STYLE *GYARU*** ET SES **DÉCLINAISONS**

Nous sommes en pleine rébellion avec ce style. Fini la peau blanche, les cheveux noirs et l'air innocent. La *gyaru* – ou *gal* – a la peau foncée (et donc beaucoup de maquillage ou d'UV), des vêtements sexy à l'occidentale, de faux ongles, les cheveux décolorés et une allure qu'on pourrait qualifier de californienne.

Les *gyaru* décorent leurs ongles avec de vraies fleurs séchées, des petites pierres et des perles. Certaines collent de petits objets *kawaii* dessus, jusqu'à de minuscules peluches.

Dérivées du style *gyaru*, les ***ganguro*** ont la peau très foncée et de longs cheveux blonds ; les ***manba*** présentent un maquillage outrancier, presque de masque africain, avec du blanc autour des yeux, sur la ligne du nez et sur la bouche, et de petites gommettes sur le haut des pommettes. Des ongles très longs, très décorés. Beaucoup de bracelets, de colliers, des vêtements flashy, des chaussures plateformes. Les ***kogyaru*** aiment les vêtements courts inspirés de l'uniforme scolaire, avec grandes chaussettes tombantes. Les ***himegyaru*** préfèrent les habits style princesse, avec des coiffures crêpées assez hautes, dans lesquelles elles mettent de gros nœuds. Les costumes sont inspirés de ceux de Marie-Antoinette (oui, Marie-Antoinette est très populaire au Japon !).

Là encore, il existe de nombreuses déclinaisons du style *gyaru*, avec plus ou moins de différences.

LE **COSPLAY**

Cosplay est la contraction de *costume playing*, ou le fait d'incarner un personnage de manga, d'anime, de comics ou de jeu vidéo, costume y compris. Il n'est pas simplement question d'endosser les vêtements du héros ou de l'héroïne, il s'agit d'en jouer le personnage, d'adopter son attitude, de mimer ses expressions corporelles.

Le cosplay reste très actif au Japon. Contrairement à ce que l'on pourrait croire, ce ne sont pas les Japonais qui ont inventé cette mode, mais les Américains, à la fin des années 1930. Le concept, exporté dans les années 1980, a tellement séduit les Japonais qu'ils l'ont rapidement adopté et ont multiplié les événements permettant de se réunir pour partager leur passion.

La mode du cosplay a suivi le développement de la culture *otaku* – que l'on pourrait traduire par « geek » ou encore « passionné de jeux vidéo et de mangas au point d'y consacrer beaucoup de temps et d'argent ». Les événements de cosplay peuvent être dédiés à une œuvre précise ou regrouper tout l'univers du manga en général.

Il n'est pas question de ressembler « vaguement » à son personnage favori : le *cosplayer* cherche à s'en approcher le plus possible, dans les moindres détails. Aussi ne lésine-t-il pas sur le maquillage ni sur d'autres artifices pour atteindre son objectif. Et il prendra la pose en jouant son rôle, pour le plus grand plaisir des photographes amateurs et professionnels.

Il arrive parfois de croiser des *cosplayers* dans certains quartiers de Tokyo, le week-end. Le cosplay se pratique surtout lors de conventions de culture pop (par exemple, le World Cosplay

Summit, à Nagoya) et dans diverses manifestations plus ou moins reliées au thème, mais également sur les réseaux sociaux. En effet, le *cosplayer* se doit de nourrir sa communauté de fans avec de nouvelles photos de ses dernières mises en personnage.

LES MAGAZINES DE MODE JAPONAIS

Il existe bien sûr des magazines de mode pour s'inspirer des tendances, même si tous les styles vestimentaires énumérés précédemment doivent avant tout être des compositions personnelles.

GOTHIC & LOLITA BIBLE

Gothic & Lolita Bible était LE magazine de mode pour les *gothics* et les *lolitas*. Publié pour la première fois au Japon en 2001 par Index Communications, ce magazine trimestriel a enchanté les Japonaises et les Japonais jusqu'en 2017, année où il s'est arrêté après soixante-trois publications et cinq inédits. Mana, le compositeur guitariste japonais du groupe Moi dix Mois, de même que la chanteuse japonaise Kana en ont assuré la promotion avec leurs tenues *gothic lolita*. Vers la fin des années 1990, Mana a popularisé le style en créant sa propre ligne de vêtements : Moi-même-Moitié.

Gothic & Lolita Bible était un Mook (une publication hybride entre magazine de mode, guide culturel et livre d'art), un magazine dérivé du mensuel *KERA*, qui s'intéressait de façon plus large à d'autres styles de mode. *G&LB* était davantage concentré sur les modes *lolita* et *gothic*, un mélange de styles basé sur l'esthétisme victorien et edwardien. Le magazine a été publié outre-mer en février 2008, en version anglaise, dans une tentative d'exporter cette mode aux États-Unis et en Europe.

Au fur et à mesure des publications, le magazine est néanmoins passé de franchement *gothic* dans ses premiers numéros à très *sweet lolita*, délaissant petit à petit les vêtements sombres sur des mannequins inconnus au profit de vêtements colorés dans les tons pastel, portés par des célébrités nommées.

KERA

Magazine de mode alternative japonaise populaire, *KERA* présentait dans un large spectre les modes sortant des sentiers battus, notamment les tendances punk-rock, *lolita* et *gothic* au Japon et à l'international. Le mensuel s'est lui aussi arrêté, en avril 2017, après dix-neuf ans de publications. Le magazine a néanmoins continué de promouvoir la mode sur son site web jusqu'en 2020.

POPTEEN

Dans ce magazine mensuel, c'est le style « soft » de la mode *gyaru* qui est à l'honneur, et particulièrement la mode *kogyaru*, c'est-à-dire basée sur l'uniforme scolaire japonais mais à la jupe très, très courte. Le but est de plaire aux jeunes filles, et le code couleur de la publication est principalement dans les roses. *Popteen* est l'un des magazines de mode les plus populaires d'Asie. Aussi est-il publié à la fois au Japon, à Taiwan et en Thaïlande. De nombreux artistes pop, aussi bien hommes que femmes, font les couvertures ou les pages de ce mensuel.

KOAKUMA AGEHA

Encore un magazine de mode axé sur les *gyaru*. Il cible les jeunes femmes entre 15 et 20 ans et s'intéresse à la mode évoquant le style *hostess* (voir à ce titre le chapitre « Si particulier ! Les *hostess* et *host clubs* » p. 118), dont l'image est reprise par certaines sous-catégories de *gyaru*.

En japonais, *koakuma* signifie « petit démon » et *ageha* est le nom d'un papillon. Les pages de tenues vestimentaires, coiffures, maquillage, marques se succèdent, avec certains articles consacrés à des modèles célèbres, tels que Himena ou encore les jumelles Yoshikawa. Le style est glamour et sexy, comme celui des *hostess*.

La liste n'est pas exhaustive ; mais, en raison de la baisse des ventes papier depuis plusieurs années, de nombreux magazines se sont reconvertis en webzines, tel *Egg*, dont la publication papier s'est arrêtée en 2014 pour relancer le magazine en ligne en 2018.

Parmi les magazines de culture pop, citons de plus ceux sur la musique japonaise, dont *Music Magazine*, très prisé au Japon. Ce magazine a la particularité intéressante de situer les œuvres musicales dans leur contexte politique et social.

Quiz express

Laquelle de ces tenues vestimentaires culture pop japonaise dénote une faute de goût ?

a) **Style *classic lolita*** : une jupe mi-cuisses à volants synthétiques, un chemisier sage, des chaussures à bouts pointus, une ombrelle, des accessoires aux couleurs acidulées.

b) **Style uniforme scolaire** : une jupe très courte à carreaux, de longues chaussettes, un chemisier avec une cravate ou un nœud ruban assorti à la jupe, un gilet brodé.

c) **Style *streetwear* japonais** : un tee-shirt blanc à inscriptions en japonais, un pantalon ample aux chevilles serrées, un sweat noir avec un imprimé coloré d'anime recouvrant le dos, et une casquette à inscription.

Réponse : a). Lorsqu'on veut adopter le style *classic lolita*, il y a des erreurs à ne pas commettre, sous peine d'être traitée d'*ita lolita* par la communauté, insulte qui pourrait se traduire par « outch, ça fait mal ». En effet, la *classic lolita* ne devrait pas avoir une jupe plus courte qu'au niveau du genou ; elle devrait acheter des vêtements aux tissus de qualité et non du nylon ou autre matière synthétique bon marché ; le bout de ses chaussures devrait être arrondi ; et les couleurs de sa tenue devraient être plutôt sobres, du beige au marron en passant par le bordeaux, par exemple. Le style doit en fait s'inspirer de l'époque victorienne. Aviez-vous trouvé ?

L'ESTHÉTISME DU CORPS, UNE OBSESSION ?

Nous l'avons compris, l'apparence revêt une grande importance au Japon. Que ce soit l'effet d'un complexe ou une simple envie d'être *kawaii* ou différent, voyons comment le désir d'une belle apparence se traduit sur le corps.

LES **YEUX**

Après notre tour d'horizon des tenues vestimentaires culture pop et du maquillage qui les accompagne, arrêtons-nous sur ce qui semble un point dérangeant pour certains Japonais : leurs yeux bridés. Entre chirurgie esthétique et *do it yourself*.

Le débridage définitif

L'objectif du débridage des yeux est de les agrandir afin d'obtenir un regard plus éveillé, plus innocent.

Environ la moitié des Asiatiques naissent sans pli sur la paupière supérieure (que l'on appelle le pli palpébral). Ce qui se traduit par des paupières abaissées, occasionnant un regard triste ou fatigué. Et cette apparence n'est pas du tout au goût des Japonais ! De fait, pour ouvrir leur regard et leur donner un aspect plus jeune, ou bien *kawaii*, nombreuses sont celles – et parfois ceux – qui n'hésitent pas à avoir recours à la chirurgie esthétique. L'intervention vise à créer ce fameux pli palpébral, une sorte de paupière double qui va arrondir l'œil et l'agrandir.

La chirurgie esthétique est parfois vantée par des personnalités connues, comme l'a fait le compositeur et chanteur japonais Gackt, qui *a priori* en a beaucoup usé. Cette idole est encore très populaire au Japon et en Asie.

Le débridage occasionnel

Pour ceux que la chirurgie rebute ou qui n'ont pas l'argent nécessaire pour entreprendre l'opération, il reste le fait maison : des bandes adhésives transparentes, collées latéralement sur les paupières supérieures au-dessus de la ligne des cils et qui vont créer artificiellement ce pli.

L'effet peut être également rendu avec le maquillage. Ce que l'on appelle en japonais *namida bukuro* (« sac lacrymal ») n'est pas la partie supérieure du conduit lacrymo-nasal qui reçoit les larmes, dont la sortie se situe au niveau de la pointe intérieure de l'œil. Le *namida bukuro* représente au Japon une façon de se créer une poche sous l'œil, au-dessus des cernes, en maquillant la paupière inférieure en blanc (ainsi que le coin intérieur de l'œil), ou en y appliquant les bandes adhésives transparentes citées plus haut. Cette mode est très suivie au Japon car elle donne au visage un air tendre et mignon, un peu « sortie du lit », tout en illuminant le regard.

Les yeux ne sont pas les seuls éléments que les Japonais souhaitent modifier chirurgicalement parlant : le nez ou la poitrine pour les Japonaises font partie de ce qu'ils jugent « imparfait » et qu'ils désirent corriger. En revanche, on ne touche pas aux dents ; en effet, des dents légèrement de travers confèrent cette touche d'enfance chère aux Japonais.

TEINTE ET DÉCOLORATION DES CHEVEUX

Chez les *gyaru*, plus on est bronzé, mieux c'est ! Mais nous avons affaire ici à un type particulier de personnes qui affichent de cette manière leur opposition aux codes traditionnels de la société nippone. Peau mate, cheveux blonds, habits à l'occidentale, la mode est au tape-à-l'œil, avec une personnalité extravertie qui ressemble peu à la réserve habituelle de la Japonaise.

La peau bronzée n'est pas la norme au pays du Soleil-Levant. L'attachement à la peau blanche s'est répandu dans la société pendant l'époque d'Edo (1603-1868), où les acteurs du kabuki, très populaires, se maquillaient avec de la poudre blanche *o-shiroi*, constituée de riz gluant, de millet et d'orge. Les industries internationales du cinéma et de la publicité ont par la suite joué leur rôle dans ce canon esthétique, exhibant des modèles asiatiques à la peau claire.

Les critères de beauté sont donc une peau claire, lumineuse et sans taches. Si, dans les anciens temps du Japon, une peau blanche était synonyme de noblesse (un teint foncé témoignant d'un travail ouvrier en plein air), elle est souvent associée aujourd'hui à l'innocence et à la jeunesse, mais également à l'hygiène. Et pour parvenir à cette perfection, les Japonaises n'hésitent pas – en dehors de fuir le soleil – à faire appel à de nombreux produits de beauté, et même à des produits spécialisés dans l'éclaircissement de la peau. Ces produits *bihaku* (« beauté blanche ») ont le vent en poupe : ils sont vantés comme pouvant éliminer les rides, taches et cernes, homogénéiser la couleur du teint, nettoyer et éclaircir la peau, tout en maintenant son élasticité et en empêchant la formation de mélanine. Des produits miracles en quelque sorte. Néanmoins, certains ont été retirés de la vente en raison de lourds effets secondaires.

Quant à la couleur des cheveux, la tendance va plutôt du brun au châtain clair – voire très clair pour les plus extravagants. La frange semble incontournable pour bien des Japonaises, même si elle est parfois rabattue sur un côté ou les deux, toujours pour l'aspect innocent et jeune qu'elle procure. Les hommes sont plus libres dans leurs coupes, mais la frange reste quand même un classique, de préférence longue et rebelle chez les idoles.

Chapitre 3

LA **MUSIQUE** **POPULAIRE** AU **JAPON**

J-pop, K-pop, visual kei, etc., autant de noms qui définissent les musiques populaires au Japon, présentes dans les concerts mais également dans de nombreux médias comme la télévision, les films, les anime et les jeux vidéo. Des chansons joyeuses, poétiques, entraînantes ou électrisantes, traitant le plus souvent de sujets légers ou romantiques, sans éluder non plus certains thèmes plus sérieux de la société. Une musique sur laquelle il fait bon danser !

LA *J-POP*

La *J-pop*, c'est cette musique acidulée qui s'est inspirée à la fois de la musique traditionnelle japonaise et de la musique occidentale pop et rock des années 1960. Le mélange peut paraître incongru, et pourtant la recette fonctionne depuis des dizaines d'années.

Que l'on écoute la star pop Kyary Pamyu Pamyu, Gackt, KOKIA – dont la voix est omniprésente dans les anime et les jeux vidéo –, le célèbre groupe AKB48 (composé d'une centaine de filles), B'z (*J-rock*), L'Arc-en-Ciel (rock), HALCALI (hip-hop), Perfume (électro-pop), ou encore les déjantés Deadlift Lolita (*J-pop* et *death metal* mélangés), tous ces genres musicaux se classent sous l'appellation *J-pop*.

Et les Japonais raffolent de *J-pop*. Ils le prouvent dans les karaokés, où ils aiment se rendre régulièrement après le travail ou le week-end.

Quiz express

Laquelle de ces *pop stars* est virtuelle ?

a) Kyary Pamyu Pamyu
b) Hatsune Miku
c) Gackt
d) Kenshi Yonezu

Réponse : b). Notre star virtuelle est… Hatsune Miku. Vous en saurez davantage sur cette incroyable chanteuse p. 76. N'hésitez pas à vous renseigner sur les autres artistes de la liste, ils sont très connus au Japon.

LES **IDOLES**

Les idoles japonaises sont ces groupes de personnes créés spécifiquement pour la scène, formés en chant et en danse, qui enflamment le public avec leurs chorégraphies et leurs chansons entraînantes. Le plus souvent, ils sont composés de jeunes filles, mais il existe des versions jeunes hommes qui ont leur public tout aussi transi. Citons le groupe d'idoles masculines Arashi, qui a écumé les scènes avec succès pendant plus de vingt ans – ayant toutefois annoncé, à la grande déception de ses fans, se « mettre en pause » à partir de 2021.

Le plus souvent, ils sont composés de jeunes filles, mais il existe des versions jeunes hommes qui ont leur public.

Ces groupes sont souvent éphémères – à l'instar de nos *boys bands* ou de ceux formés grâce à des émissions comme « Star Academy » – mais certains sont sortis du lot et sont devenus emblématiques, au point de s'être ancrés dans la culture japonaise.

Les idoles n'ont cependant pas une vie facile : elles sont soumises à des règles très strictes et fatigantes, sont renouvelées lorsqu'elles paraissent trop âgées, interdites par contrat de partir si elles sont jugées indispensables au groupe, etc. Pourtant elles transmettent une bonne humeur communicative qui donne à penser que « tout va bien dans le meilleur des mondes », et nombre de jeunes filles postulent pour avoir l'insigne honneur de faire partie d'un ensemble.

HATSUNE MIKU

Pourquoi parler particulièrement de Hatsune Miku ? Parce qu'elle est une chanteuse extrêmement populaire... et virtuelle ! En effet, elle n'est autre qu'un avatar, représenté sous les traits d'une jeune fille de 16 ans-pour-toujours avec de longs cheveux turquoise, telle qu'on peut en rencontrer dans les anime. Lancée en 2007 par la compagnie Crypton Future Media, Hatsune Miku donne des concerts qui déplacent les foules, remplissant les stades, provoquant le même engouement que pour des artistes réels. Elle a même une chaîne YouTube de presque deux millions d'abonnés. Sa voix est synthétisée (grâce à un programme nommé VOCALOID) à partir de celle de l'actrice Saki Fujita. Lorsqu'elle se produit sur scène, c'est sous la forme d'images 2D projetées sur un écran géant transparent. Petite anecdote : à la base, elle ne servait qu'à représenter le logiciel, mais les internautes en ont voulu autrement et l'ont propulsée au rang de star à part entière.

Sa popularité s'étend dans le monde entier. On retrouve la voix de Hatsune Miku dans un grand nombre de musiques et elle apparaît dans des jeux vidéo, des publicités, ainsi que dans des mangas. Sans compter tous les produits dérivés.

LE *VISUAL KEI*

Avec le *visual kei*, nous sommes sur un registre rock, avec des performances théâtrales, beaucoup de maquillage, des vêtements élaborés. Il englobe le hard-rock, le heavy metal, le rock gothique, le glam-rock et le new wave. Ce n'est donc pas un genre à part entière mais plutôt un mouvement rassemblant divers univers musicaux ayant en commun un « visuel » marqué. X Japan et LUNA SEA sont des groupes *visual kei* très connus et appréciés au Japon. X Japan a été un des précurseurs du *visual kei*.

X JAPAN

La musique du groupe mythique japonais de heavy metal aux accents de glam-rock fait indubitablement penser à d'autres bien connus, comme Iron Maiden et sa rythmique de basse et de batterie. Comment ne pas reconnaître également l'influence du célèbre groupe Kiss et ses shows à grand renfort de flammes ? C'est d'ailleurs Kiss qui a donné à Yoshiki, le fondateur de X Japan, l'envie de devenir une rock star. Après la dissolution de X Japan, Yoshiki s'est davantage investi dans la musique classique et dans d'autres projets, mais il est resté un artiste très populaire et très présent au Japon.

LA *K-POP*

La *K-pop* (*Korean pop*) s'est engouffrée dans le marché japonais au début du XXIe siècle. Elle est vite devenue populaire au Japon, grâce notamment à l'autrice-compositrice sud-coréenne BoA, d'influence hip-hop et R'n'B. La star a été comparée à des chanteuses japonaises telles que Hikaru Utada et sur la scène internationale à Britney Spears. À l'instar de la *J-pop*, la *K-pop* regroupe divers genres, de la pop au hip-hop en passant par le R'n'B, l'électro, la dance et le rock.

LE KARAOKÉ

Au Japon, on aime le karaoké ; à tel point que cette activité fait partie des préférées. En conséquence, il existe des salles de karaoké partout au Japon : on en dénombre environ dix mille dans la péninsule.

Les Japonais y passent parfois la nuit entière, à s'amuser et à chanter sur tous les tubes disponibles. Mais plutôt que de vocaliser dans des bars ou restaurants ouverts à tous, ils préfèrent jouer les stars du chant en toute intimité dans des *Karaoke box*, des salles privées d'une dizaine de personnes en général, réservées aux groupes d'amis ou de collègues. Un bon endroit où manger, boire, s'amuser et pourquoi pas dormir ! Ces endroits sont d'autant plus populaires qu'il est possible, entre autres, d'adapter l'accompagnement musical à sa propre tonalité et d'éviter ainsi les serrements de gorge dus aux notes trop graves ou trop aiguës. Mais il ne fait pas chanter juste ! Le générique de l'anime *Evangelion*, « *Zankoku na tenshi no these* », fait partie depuis vingt-sept ans[1] du top cinq des chansons les plus chantées dans les karaokés japonais.

1. The company XING : classement annuel des chansons de karaoké les plus populaires de l'année 2021.

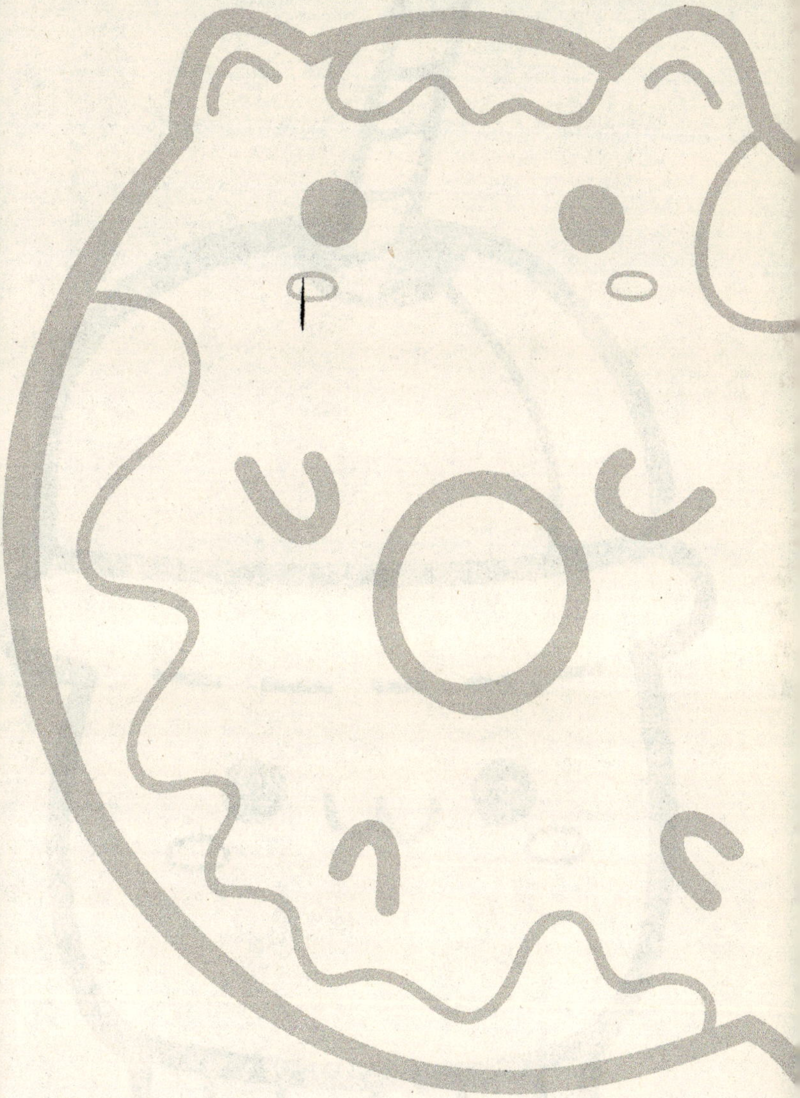

Chapitre 4

LES FAUX DE LA CULTURE POP JAPONAISE

Tout ce qui est japonais ne fait pas forcément partie de la culture pop, et ce qui paraît culture pop n'est pas toujours japonais…

LES MARQUES « JAPONAISES »

La marque japonaise est un gage de qualité lorsqu'il s'agit de trouver certains produits, tels que véhicules, appareils photo, consoles de jeux et autres. Les experts en marketing le savent et c'est pourquoi ils n'hésitent pas à pratiquer le *foreign branding*, qui consiste à associer à une marque un pays censé donner confiance, afin de transmettre une image positive de la marque. Quand bien même celle-ci n'a rien à voir avec le pays en question !

Prenons par exemple KOOKAÏ. Voilà un nom qui sonne bien japonais. Pourtant la marque est à l'origine française et les vêtements qu'elle vend n'ont absolument rien de nippon.

La marque Tokidoki est encore plus trompeuse : non seulement le mot est japonais, mais les vêtements et accessoires vendus sont décorés de petits personnages très colorés et mignons tout plein, fortement inspirés de la culture pop japonaise. Pourtant la marque est… italienne.

SuperDry a été fondée en Grande-Bretagne ; néanmoins ses vêtements arborent des graphiques japonais qui induisent en erreur sur la provenance des articles. Pour semer encore plus le doute, certains de leurs mannequins féminins sont japonais.

Conclusion, si vous souhaitez acheter des vêtements japonais créés sur l'archipel, rendez-vous sur place, ou faites des recherches en ligne sur leurs origines.

LES INVENTIONS À NE SURTOUT PAS CITER POUR NE PAS SE TAPER LA HONTE

Si vous ne voulez pas qu'on vous dévisage avec une mine étonnée, voire légèrement réprobatrice, ne demandez pas à un Japonais où acheter des *chindōgu*, si représentatifs de la culture du Japon selon vous. Il ne vous le dira pas, mais il n'aura pas une très haute opinion de vous. Pire encore, il pourrait s'offusquer d'être ainsi associé à ces inventions plutôt qu'à ce qui fait vraiment la grandeur du Japon.

LES *CHINDŌGU*

Dans cette société de consommation effrénée, un genre particulier de gadgets s'est développé au Japon : les *chindōgu*. Si ces objets répondent à des frustrations du quotidien, ils sont cependant inutilisables en raison de leurs caractéristiques contraignantes ou ridicules. Qui par exemple ne s'est jamais brûlé la langue en enfournant des nouilles ou un morceau de viande ? La solution ici est simple : un ventilateur accroché aux baguettes pour refroidir les bouchées avant de les manger !

Si ces objets répondent à des frustrations du quotidien, ils sont cependant inutilisables en raison de leurs caractéristiques.

Ce mouvement aux frontières de l'art a été créé dans les années 1980 par Kenji Kawakami, un ingénieur japonais. La petite histoire dit que Kawakami travaillait à l'époque comme rédacteur en chef d'un magazine de téléachat, *Tsuhan Seikatsu*, et qu'il eut l'idée de faire connaître à la fin du magazine ses prototypes improbables – et surtout invendables. L'accroche fut immédiate, au point que Kawakami fut obligé d'en faire une rubrique à part entière pour répondre à la demande des lecteurs et lectrices.

Le but du *chindōgu* n'est pas de commercialiser des objets, mais d'explorer le champ des possibles en termes d'inventions répondant à des besoins réels. Par exemple, Kawakami a inventé des lunettes pour se mettre des gouttes dans les yeux, soit une paire de lunettes avec un entonnoir au centre de chaque verre pour empêcher la solution de couler sur les joues. Une bonne dose d'humour avec cet objet en apparence utile.

Parmi quelques inventions loufoques, citons la grenouillère-serpillière pour enfants se traînant par terre, le sèche-vernis à cinq pailles et une petite poire pour souffler de l'air sur les ongles, le masque pour passer un appel téléphonique en cachant sa honte de déranger les voisins, ou encore le casque qui se ventouse sur la paroi du wagon pour retenir sa tête si on s'endort dans le métro.

Kenji Kawakami et ses collaborateurs ont établi un ensemble de dix commandements à suivre pour qu'un objet soit avalisé *chindōgu*. La première règle étant qu'un « *chindōgu* ne doit pas être conçu pour un véritable usage », et la dixième qu'un « *chindōgu* ne doit causer aucun préjudice[1] ».

LE PHÉNOMÈNE GOLDORAK

Si vous dites à un Japonais, histoire de lancer la conversation avec lui, « J'ai adoré *Goldorak* ! », il risque de vous répondre « *E ? Nani o itte iru ?* » (Hein ? Qu'est-ce que tu dis ?) (s'il est vraiment malpoli !) ou de vous sourire d'un air gêné en attendant que vous vous expliquiez.

En premier lieu, Goldorak est le nom français de ce robot qui a tant ravi les fans du « Club Dorothée » à la fin des années 1970. Le nom japonais de la série animée japonaise, qui a été

1. Pour connaître les dix commandements et découvrir quelques *chindōgu* : https://chindogu.com.

conçue par Gō Nagai et Toei Animation en 1975, est *UFO Robo Grendizer*. En second lieu, *Goldorak* n'a pas eu autant de succès au Japon qu'en France, peut-être parce que la série n'était pas la première du genre chez eux mais la troisième, derrière *Mazinger Z* et *Great Mazinger*. Si *Mazinger Z* a eu son heure de gloire – notamment pour le côté innovant du robot géant commandé de l'intérieur –, les téléspectateurs nippons s'étaient déjà lassés du genre lorsque *UFO Robo Grendizer* est arrivé sur le marché. Alors qu'en France *Goldorak* était totalement inédit et a provoqué un raz-de-marée culturel. Enfin, les téléspectateurs japonais n'ont pas du tout aimé que leur héros de *Mazinger Z*, Koji Kabuto, soit relégué au second rôle dans *Grendizer*.

Donc, même si *Goldorak* fait partie de la culture pop japonaise en tant que *mecha*, chut, on n'en parle pas.

LES TATOUAGES

Continuons les faux de la culture pop japonaise avec les tatouages. Contrairement à nos modes occidentales actuelles, les tatouages sont mal perçus au Japon car ils sont encore associés dans les esprits à la mafia japonaise, les yakuzas. Au XVIIe siècle, les tatouages étaient également une façon de marquer les criminels. Le tatouage fut interdit durant l'ère Meiji (entre 1868 et 1912) et jusqu'en 1948. Aujourd'hui, la profession n'est pas illégale mais à peine tolérée ; aussi les tatoueurs font-ils profil bas et les boutiques sont-elles discrètes. La liste d'attente pour se faire tatouer est parfois de plusieurs mois, voire de plusieurs années !

Il n'est donc pas vraiment bien vu pour un Japonais d'être tatoué, et si l'on veut garder son emploi, il est préférable de bien cacher ses tatouages sous ses vêtements. Ce rejet ne concerne pas les étrangers, qui susciteront plutôt de la curiosité de la part de la population nippone. Mais dans les *onsen* par exemple, des bains thermaux, les personnes tatouées se font souvent refouler à l'entrée. À la piscine et dans les parcs aquatiques, pas de discussion possible : les tatouages visibles sont tout bonnement interdits.

Grand quiz spécial célébrités

Ces personnalités japonaises célèbres font-elles partie de la culture pop ?

— Yoko Ono
— Haruka Kurebayashi
— Shigeru Miyamoto
— Naomi Osaka
— L'empereur et l'impératrice du Japon
— Shohei Otomo
— Yoko Kanno
— Shizuka Arakawa

Réponses

Si ces personnes sont célèbres au Japon – et internationalement –, elles ne font pas toutes partie de la culture pop, bien que la frontière soit floue. Découvrons-les plus en détail.

Yoko Ono

Yoko Ono = John Lennon. Impossible de parler d'elle sans la relier au charismatique chanteur des Beatles qui enflamma tant de générations. Pour les langues perfides, elle a été « l'élément perturbateur » qui a causé la séparation du groupe. Yoko Ono ne peut pourtant pas être résumée à la simple compagne de Lennon, qui s'imposait dans les studios d'enregistrement. Elle est une artiste accomplie : écrivaine, poète, chanteuse, musicienne, compositrice, comédienne, performeuse, cinéaste et même plasticienne. Bref, une touche-à-tout dans le domaine des arts. Oui, elle est – ou tout au moins a été – une figure reconnue de la culture pop au Japon.

Haruka Kurebayashi

La mannequin et créatrice de mode Haruka Kurebayashi est une influenceuse de Harajuku qu'il n'est pas besoin de présenter auprès des fans de mode *kawaii*. Elle apparaît souvent dans le magazine *KERA*. Son style vestimentaire principal est *decora*, c'est-à-dire très coloré mais à dominance rose, avec plusieurs couches de vêtements et accessoires à profusion, notamment des barrettes et des petits sacs-animaux ou sacs-fruits portés en bandoulière. Définitivement un personnage de la culture pop.

Shigeru Miyamoto

Super Mario, Donkey Kong, The Legend of Zelda... ça vous dit quelque chose ? Le cocréateur de ces franchises, c'est lui ! Chez Nintendo depuis 1977, cet artiste a participé à la réussite de la firme grâce à ses jeux inventifs et novateurs.

Il ne compte plus les récompenses et reconnaissances pour sa contribution immense aux jeux vidéo. Saviez-vous que c'est en tentant de redorer le blason de Nintendo, après l'échec du jeu *Radar Scope*, que Miyamoto a développé conjointement avec Gunpei Yokoi le fameux jeu d'arcade *Donkey Kong* ?

Non content de ses multiples créations dans le jeu vidéo, il s'est également impliqué dans le développement des consoles Nintendo et dans le design des manettes de la Nintendo 64 et de la GameCube. Donc, oui, le génie Miyamoto est bien un personnage de la culture pop japonaise.

Naomi Osaka

Elle n'est pas entièrement nippone puisque son père est haïtien. Elle vit aux États-Unis mais a abandonné la nationalité américaine à ses 22 ans, comme exigé par la loi japonaise qui refuse la double nationalité à partir de cet âge. Cette tenniswoman est une grande joueuse professionnelle aux nombreuses victoires. Ses prises de position politiques lui valent néanmoins des critiques au Japon, où les plus rigoristes considèrent que les athlètes doivent se consacrer uniquement à la compétition et non exprimer leurs opinions. Naomi Osaka ne fait pas vraiment partie de la culture pop, même si le tennis est apprécié par les Japonais.

L'empereur Akihito et l'impératrice Michiko
Cela semble étonnant, mais ces figures dirigeantes sont très populaires, même encore après l'abdication de l'empereur en 2019. En effet, en trente ans de règne, le couple a su faire évoluer en douceur le système impérial très rigide du Japon, diffusant par la même occasion un message de paix. Soit un *Cool Japan* promouvant la culture japonaise, dont l'image s'est exportée dans le monde entier. Proches du peuple, Leurs Majestés sont extrêmement aimées et respectées.

Shohei Otomo
Fils de Katsuhiro Otomo, le créateur du manga cyberpunk culte *Akira*, Shohei Otomo est un illustrateur contemporain célèbre pour ses œuvres hyperréalistes au stylo à bille. Son style mélange tradition

et modernité, dans un univers pop-manga décalé. Il aime exhiber la face cachée du Japon, avec juste ce qu'il faut de « coolitude » et de « beautitude » pour ne pas être tracassé par le système qu'il critique. Nous sommes loin du *kawaii*, mais bien dans la culture pop.

Yoko Kanno

Yoko Kanno est une compositrice, musicienne et productrice prolifique, bien connue dans le jeu vidéo et surtout l'animation pour ses œuvres musicales. Attachée à refléter au plus près l'ambiance des anime dont elle écrit la bande-son, elle a composé des morceaux de styles très différents, pour des séries telles que *Cowboy Bebop, Wolf's Rain, Earth Girl Arjuna, Ghost in the Shell : Stand Alone Complex,* ou encore *Space Dandy*.

Non seulement elle cumule les succès en tant que compositrice, mais elle interprète également ses chansons sous le pseudonyme de Gabriela Robin.

Pour l'intronisation du nouvel empereur Naruhito en octobre 2019, elle a composé un thème de treize minutes intitulé *Ray of Water*. Yoko Kanno est une artiste de la culture pop avec laquelle on continue de compter.

Shizuka Arakawa

Icône japonaise des compétitions sportives, Shizuka Arakawa a été une patineuse artistique prodige. Elle a remporté la médaille d'or des championnats du Japon en 1998 et 1999, et celle des championnats du monde en 2004. En 2006, elle gagnait la médaille d'or aux Jeux olympiques de Turin – la première et seule médaille du Japon à ces JO – avec un sans-faute, avant de prendre sa retraite. Elle avait failli ne pas y participer, par manque de motivation ; c'eut été dommage au vu de la performance accomplie. C'est son classement aux championnats du monde de 2005 (9e) qui l'avait poussée à se représenter, pour ne pas terminer sa carrière sur un si mauvais score. On ne peut que saluer son acharnement à rester digne jusqu'au bout ; et quelle belle façon de quitter la scène !

Shizuka Arakawa est peut-être un modèle de persévérance pour les jeunes sportives japonaises, mais elle ne fait pas vraiment partie de la culture pop.

Chapitre 5

QUAND LA CULTURE POP S'INVITE **DANS LA CUISINE**

Les mangas ont contribué à familiariser le monde avec la cuisine japonaise et c'est tout naturellement qu'elle est entrée dans la culture pop du Japon. Et surtout elle est l'occasion de créer des plats tout à fait *kawaii* !

LE RAMEN

Le ramen est considéré comme le plat le plus consommé au Japon. C'est un plat traditionnel à base de nouilles dans lequel vont se retrouver de multiples ingrédients, selon les variantes.

Les origines du ramen ne remonteraient qu'à la fin du XIXe siècle et le plat aurait été importé *a priori* de Chine. Les légendes divergent à ce sujet, mais le plat plutôt simple au départ s'est vu agrémenté au fur et à mesure de divers aliments et condiments.

Et pourquoi des nouilles plutôt que du riz ? Parce que les Japonais, en pénurie de riz au détour de la Seconde Guerre mondiale, s'étaient tournés vers le blé importé par les Américains durant leur occupation du Japon.

Cette sorte de fast-food complet, amélioré au fil du temps, est aujourd'hui très tendance, aussi bien au pays du Soleil-Levant qu'à l'international.

L'*ONIGIRI*

Très populaire au Japon, l'*onigiri* est un en-cas que l'on pourrait comparer à notre sandwich jambon-beurre tant répandu en France, mais en plus sain. C'est une boulette de riz fourrée (de poisson, de viande, de fruits de mer, d'œuf ou de légumes), ronde ou en forme de triangle et enveloppée d'une feuille d'algue. Si vous êtes fan de mangas, vous connaissez certainement : les héros préparant leur *onigiri* à la maison, ou allant en acheter dans un *konbini*... (pour ceux qui ignorent le terme, un *konbini* est une supérette japonaise multiservice, ouverte 24 heures sur 24, sept jours sur sept).

L'*onigiri*, c'est aussi l'occasion de faire valoir son art. Un artiste culinaire japonais, connu sur Instagram sous le nom d'Onigiri Gekijō, a eu l'idée en 2019 de revisiter ce casse-croûte à la sauce *kawaii*. Des créations toutes plus originales les unes que les autres : koala, ours, chien, chat, Japonais prenant leur bain, célébrités occidentales, elles sont tellement mignonnes qu'on n'ose plus les manger.

LE PANCAKE *FUWA FUWA*

Destination univers douceur avec les pancakes *Fuwa Fuwa*, ou *fluffy pancakes*, ou encore pancakes soufflés.

Si le pancake s'est répandu au Japon au XXe siècle grâce à l'influence occidentale, il existait déjà dans l'archipel au XVIe siècle sous la forme d'un simple mélange cuit de farine, d'eau et de saké. Depuis, la recette s'est enrichie ; et les réseaux sociaux ont fait le reste ces dernières années pour rendre populaires ces crêpes épaisses, bien plus moelleuses et légères que le pancake américain. C'est au point que des chaînes de pancakes *Fuwa Fuwa* ont ouvert dans tout le pays. *Flipper's* est une chaîne bien connue des Japonais, qui propose des pancakes sucrés et salés, pour une évasion garantie des papilles.

DES PLATS *KAWAII*

C'est un fait, un mets excite bien plus les sens lorsqu'il a une belle apparence. Et tout ce qui va participer à sa présentation ne peut que multiplier le plaisir de le consommer.

LE **BENTO**

Bien plus qu'un simple plat à emporter, le bento est un plat équilibré très prisé des Japonais, qui s'emporte dans des *bento boxes* compartimentées, pour manger à l'extérieur, dans les transports, à l'école ou au bureau. Certains bentos sont de véritables œuvres d'art qui célèbrent la culture pop japonaise au travers d'aliments colorés représentant des personnages de manga, d'anime, etc. Aussi de nombreux ustensiles ont-ils été inventés pour tailler, couper, ciseler, mouler les compositions, laissant libre cours à l'imagination.

LES ***KURÊPU***, OU **CRÊPES « FAÇON HARAJUKU »**

Ce sont des crêpes en cône fourrées avec des quantités de petites choses délicieuses salées ou sucrées, toujours avec ce zeste de *kawaii*, omniprésent tant dans les couleurs que dans les formes proposées. Les crêpes d'Harajuku, à Tokyo, sont connues dans tout le pays ! Les crêperies de la Takeshita-Dōri (une rue piétonne) sont devenues l'un des symboles du quartier depuis l'implantation de la première crêperie, Marion

Crêpes, en 1976, puis de Angels Heart Harajuku l'année suivante. Beaucoup de sucré, une overdose de sucré même, mais également du salé avec des *kurêpu* chaudes fourrées thon-salade-mayonnaise, par exemple. À déguster avant que la mayonnaise ne réchauffe…

LES PUBS, CAFÉS ET RESTAURANTS POPULAIRES

Comme partout, il existe des cafés et restaurants populaires où les Japonais aiment se retrouver pour boire un verre et grignoter un morceau entre amis.

LES *IZAKAYA*

Les *izakaya* sont l'équivalent japonais des bistrots français ou des pubs anglais. L'ambiance y est décontractée et même animée, ce qui contraste avec la réserve habituelle des Nippons. Par définition, un *izakaya* est un endroit où l'on peut commander de l'alcool, accompagné de petits plats et de snacks. Ces lieux sont très populaires et fréquentés. Il existe même des *izakaya* à thème, notamment à Tokyo. Vous pourrez découvrir au chapitre « Si particulier ! », dans la rubrique « Les cafés à thème » p. 113, quelques *izakaya* singuliers.

La particularité de l'*izakaya* tient dans la manière d'y consommer : plutôt qu'un plat par personne, chaque convive commande de nombreux petits plats peu onéreux, que toute la tablée partage. Ici, la discrétion reste au vestiaire : les collègues, étudiants ou amis relâchent la pression, et cela s'entend !

Les *izakaya* se repèrent le plus souvent à leur lanterne rouge à l'entrée. Ils sont très répandus autour des gares et des stations de métro.

LES ***YATAI***

Les *yatai* sont de tout petits restaurants mobiles installés le soir le long de rues piétonnes, ou lors de festivals et autres fêtes organisées. Ce peut être de simples tentes, des charrettes en bois ou des camionnettes aménagées, style *food truck*. Parfois il y a de quoi s'asseoir, parfois non ; et si oui, attendez-vous à être serré.e. Mais n'est-ce pas le meilleur moyen de lier connaissance avec des locaux, en mettant à profit l'art de vivre japonais *Ichi-go Ichi-e* (notre *carpe diem*) ?

LE **ROBOT RESTAURANT** À **TOKYO**

Pour ceux qui aiment les robots, la science-fiction ou simplement la démesure, ne quittez pas Tokyo sans avoir fait une halte au Robot Restaurant, dans le quartier de Kabukichō. Il est impossible de le manquer, c'est écrit en très gros au-dessus de l'entrée. À l'intérieur, animation garantie : plusieurs fois par jour ont lieu des spectacles, danses et combats entre robots, humanoïdes et amazones, le tout dans un décor électrique. Attention les yeux et les oreilles : les flashs de lumière, les couleurs psychédéliques et les effets sonores peuvent être éprouvants à la longue.

Chapitre 6

LES SPORTS ET ACTIVITÉS POPULAIRES

Non, les magasins de mangas et le karaoké ne sont pas les seules activités qui poussent les Japonais fans de culture pop à sortir après le travail. Le sport et les trains en font partie eux aussi.

LE BASEBALL (*YAKYU*)

Le baseball est aussi populaire au Japon que le football en France. Au point que de nombreux mangas et anime en ont fait leur thème privilégié, ou encore l'incluent comme sujet de la vie de tous les jours sans forcément en faire leur thème central (comme dans *One Piece*).

Le baseball est devenu un sport scolaire et universitaire dès les années 1880, sous l'influence des Américains. Le premier club de baseball au Japon a été fondé en 1878 par Hiroshi Hiraoka, revenu des États-Unis, qui y avait trouvé ce sport intéressant. L'engouement des Japonais pour celui-ci ne l'a pas démenti et c'est par foules compactes que les Japonais viennent assister aux performances de leurs équipes préférées. À l'instar de tout ce que les Japonais récupèrent de l'étranger, le sport a néanmoins été légèrement « japonisé » : la balle est un peu plus petite qu'aux États-Unis et certaines règles du jeu ont été revues.

Il existe de nombreuses cages d'entraînement un peu partout sur l'archipel, des plus basiques aux plus performantes, qui permettent de venir frapper la balle pour quelques yens.

La fierté des Japonais pour leur peuple est telle que même si un joueur japonais signe un contrat avec un autre pays, il continue d'être célébré au Japon pour ses prouesses et ses victoires. Sans rancune.

LE *YUKIGASSEN*

Quoi de plus amusant et rafraîchissant en hiver qu'une partie de boules de neige ? Les enfants adorent, les adultes aussi. Mais sur l'île d'Hokkaidō, au Japon, cette activité est passée au rang de véritable sport, qui n'a rien d'enfantin. Chaque année en février, dans le village de Sōbetsu, se déroule le Championnat du monde de boules de neige. Oui, une compétition internationale ! Pour y participer, les joueurs doivent avoir l'équipement adapté : un casque de protection avec visière, une combinaison, des moufles et un dossard numéroté.

Sur un terrain de trente-six mètres de long sur dix mètres de large, deux équipes s'affrontent : les arrières préparent les boules, que les attaquants lancent sur les adversaires. Chaque joueur touché par une boule est éliminé. Cela ne vous rappelle pas un ancien petit jeu sur ordinateur… ? Les joueurs peuvent se protéger derrière des murs de glace, mais le but est de s'emparer du drapeau de l'équipe adverse, alors il faut courir. Le jeu n'est pas si simple car il demande des qualités de stratège, de réactivité, de technique et d'intelligence.

Le *yukigassen* existe depuis plus de trente ans ; plus de mille équipes s'affrontent au Japon chaque année pour avoir la chance de participer au championnat international.

LES TRAINS

Les trains font partie de la culture pop locale des Japonais, qui leur vouent une passion. La mise en service d'un nouveau modèle de train et la mise en retraite d'un ancien sont l'occasion de cérémonies qui réunissent des centaines de personnes. Certains trains, luxueux, sont de véritables bijoux ; d'autres allient la vitesse au confort technologique.

LES **SHINKANSEN**

Ces trains à grande vitesse font la fierté des Japonais. Il faut tout de même dire que leurs aménagements n'ont rien à voir avec ceux de nos TGV : en effet, les sièges ultra-confortables pivotent à cent quatre-vingts degrés, permettant de voyager dans le sens de la marche ou de créer un carré avec sa famille ou ses amis. Les Shinkansen sont nettoyés de fond en comble plusieurs fois par jour ; le confort et le silence sont les maîtres mots dans les wagons. Des sismographes envoient des signaux d'alerte vers chaque train en circulation avant qu'un séisme se produise, permettant aux Shinkansen d'adapter leur vitesse. Selon les autorités, ces trains n'auraient pas subi un seul déraillement ni une seule collision en plus de cinquante ans d'activité, sur un réseau ferroviaire qui s'est développé à travers tout le Japon.

Entre Tokyo et Osaka, plus de deux cents rames circulent chaque jour dans les deux sens, avec un retard annuel moyen de quelques dizaines de secondes seulement. On comprend pourquoi le train est si populaire auprès des Japonais. Et les progrès ne sont pas près de s'arrêter.

LE **TRAIN POKÉMON**

Les trains vantant la culture pop japonaise ne sont pas en reste. De nombreux héros de mangas, d'anime ou de jeux vidéo ont leurs wagons dédiés, et chaque compagnie de train possède sa propre mascotte.

Le train Pokémon est quant à lui un train ludique complètement revisité aux couleurs de Pikachu. Et des Pikachu, il y en a en veux-tu, en voilà ! Le bonheur de tous les enfants, et surtout un soutien moral et économique à la région du Tōhoku, qui avait été dévastée en mars 2011 par un séisme et un tsunami. Le premier train Pokémon avait alors été mis en service en décembre 2012 par la JR East (la compagnie nationale ferroviaire) en collaboration avec l'association Pokémon with you. Le but du projet : redonner le sourire aux enfants de cette zone si durement touchée, et aider la ville portuaire de Kesennuma grâce au tourisme.

Chapitre 7

SI **PARTICULIER !**

Même si tout paraît insolite au Japon, partons à la découverte de quelques singularités incontournables de la culture pop.

LES POKÉMON CENTERS

Il était inconcevable de ne pas ériger un temple dédié à ces figures emblématiques du Japon populaire que sont les Pokémon. Des Pokémon Centers sont implantés dans divers endroits de l'archipel. Tokyo en recense cinq à lui seul, sept en incluant ceux de Yokohama et Funabashi, dans le Grand Tokyo. Mais il existe de nombreux centres sur ce thème dans le monde.

Dans ces gigantesques magasins, on trouve tout, absolument tout ce qui a trait aux Pokémon, de toutes les tailles et pour tous les goûts : peluches, cartes, vêtements, figurines, nourriture à l'effigie de petits monstres, etc. Mais surtout ces centres sont uniques. Chacun possède sa propre mascotte (vous vous souvenez comme les Japonais aiment les mascottes…), qui renvoie à l'histoire du lieu où est implanté le magasin. Par exemple, le Léviator Rouge (*Akai Gyarados*) est la mascotte du Pokémon Center d'Hiroshima. À Tokyo, dans l'un des bâtiments les plus hauts de la ville, le Skytree, c'est le Pokémon légendaire de type Dragon Rayquaza qui accueille les visiteurs. Certains produits ne sont disponibles que dans des magasins spécifiques ; ainsi, la peluche Pikachu Graffiti ne se trouve qu'au Pokémon Center Shibuya. Autant dire que les collectionneurs se l'arrachent.

LES *100-YEN SHOPS*

Les Japonais n'ont pas de grands supermarchés tels que Leclerc, Carrefour ou Cora pour se ravitailler. Ils font leurs achats dans des petites et moyennes surfaces ainsi que dans des *konbini*, des commerces de proximité ouverts 24 heures sur 24, sept jours sur sept, qui vendent des articles de première nécessité, des mangas et des snacks chauds, entre autres services.

Mais ils fréquentent également les *100-yen shops*, des magasins où quasiment tout est vendu à un prix dérisoire unique (moins d'un euro). Ceux-ci sont très populaires : on en trouve des milliers dans tout le Japon. Ils ont été créés par Hirotake Yano, le fondateur de Daiso Industries, qui avait compris le malaise de la population japonaise face à la crise économique des années 1990.

Peut-être vous êtes-vous déjà perdu.e, en France, dans des magasins tels que Noz ou Action, ou encore dans des bazars de quartier : des allées étroites, des milliers d'articles entreposés pêle-mêle dans des bacs, allant du vêtement au médicament en passant par la vaisselle, le petit électroménager et des gadgets en tout genre. Le *100-yen shop*, c'est à peu près la même chose mais à prix unique !

Si vous cherchez des cadeaux à offrir, allez visiter le Daiso Shinsaibashi-suji à Osaka : il se tient sur trois étages dans la rue marchande Shinsaibashi-suji. De quoi trouver son bonheur.

LES *ITASHA*

Au Japon, même les voitures ont le droit au rêve ! Tout l'art consiste à recouvrir la carrosserie de son véhicule de logos d'anime et de personnages de manga ou de jeu vidéo. Les personnes qui s'adonnent à cette personnification considèrent mettre ainsi en avant leur individualité. Une façon supplémentaire d'exister au-delà du groupe, si glorifié au Japon ?

Itasha viendrait d'une expression argotique et peut se traduire par « voiture douloureuse à observer » ; oui, ça fait mal aux yeux de les regarder, mais uniquement pour les non-*otaku*. Des expositions sont même organisées afin d'exhiber les plus belles *itasha* à la face du monde. Pourquoi d'ailleurs ne pas enfiler son cosplay pour l'occasion ? À Odaiba, Tokyo, se tient annuellement l'Itasha Tengoku, la plus grande exposition d'*itasha* au monde, qui rassemble des centaines d'engins tous plus décorés les uns que les autres, que des *cosplayers* admirent en se promenant.

Non seulement il existe des *itasha*, mais la mode a déteint sur les motos (dans ce cas, on parle d'*itansha*), sur les vélos (*itachari*) et sur les taxis (*ita-taxi*). Sans parler des wagons de train, des avions, etc. Imaginez que tous les véhicules dans le monde soient ainsi personnalisés : la vie ne serait-elle pas plus colorée ?

LES *GACHAPON*

Serait-ce une soupe ? Une peluche ? Des chaussons chauds ? Eh bien non, les *gachapon* sont des distributeurs de capsules surprises, similaires à ceux qu'on rencontre encore dans nos foires ou nos centres commerciaux. Le mot désigne à la fois la machine et l'article distribué (une figurine, un porte-clés ou un petit jouet) ; il est constitué de deux sons : *gacha*, pour le bruit que fait le tour de roue de la machine, et *pon*, pour le bruit de la capsule qui tombe.

Les *gachapon* sont une idée marketing lumineuse de Bandai à la fin des années 1970 pour remettre au goût du jour les tirettes surprises et assurer ainsi la promotion – et donc la vente – de ses jouets. Et ils ne sont pas réservés qu'aux enfants ! Les Japonais en sont friands car ils aiment collectionner les figurines, issues le plus souvent de l'industrie des mangas et des anime. En outre, chaque appareil est dédié à une série particulière. Certaines sont vraiment insolites : petites filles-coquillages, personnages à demi squelettes, fruits-zombies... Il existe même des *gachapon* à caractère sexuel.

Contrairement à nos distributeurs de capsules surprises souvent isolés en bordure de magasin, les *gapachon* s'alignent par dizaines dans leur lieu d'implantation, sur plusieurs rangées, rappelant les machines à sous des casinos. L'effet est voulu...

Petite anecdote : durant l'été 2021, une compagnie aérienne japonaise low cost a eu une idée ingénieuse pour remplir ses vols grâce aux *gachapon*. Elle a fait installer des distributeurs dans divers quartiers de Tokyo et d'Osaka, dont les capsules contenaient de quoi s'offrir un vol pour une destination intérieure aléatoire, ainsi qu'une petite mission à remplir sur place. L'attrait de la surprise a fait le reste, le succès a été immédiat.

LES *DAKIMAKURA*

Vous vous sentez seul.e ? Vous aimez les personnages de manga ? Les *dakimakura* sont de larges oreillers tout en longueur, à l'effigie de votre héros ou héroïne de manga, que vous pourrez étreindre dans votre lit ou poser à côté de vous sur le canapé, histoire de regarder ensemble un anime.

Inventé au Japon, le *dakimakura* mesure environ cent cinquante centimètres, la taille grandeur nature attribuée à un personnage de manga. La housse imprimée enveloppe le traversin, moelleux, qu'il est doux d'enserrer. Effet peau de pêche annoncé. À l'attention des amateurs : l'envers du *dakimakura* représente souvent le même personnage en version dénudée et sexy.

Un oreiller qu'on pourrait qualifier d'érotique mais surtout un symbole d'appartenance à la communauté *otaku* !

MARIÉ À UN HOLOGRAMME

Oui, il est possible de se marier à un hologramme au Japon !

C'est l'histoire d'Akihiko Kondo, qui a épousé en 2018 la chanteuse virtuelle Hatsune Miku.

Hatsune n'était pas le premier personnage fictif auquel il s'était intéressé ; mais voilà, il est tombé amoureux. « Je ne l'ai jamais trompée, j'ai toujours été amoureux d'elle, je pensais à elle tous les jours », a affirmé le jeune Japonais. Chez lui, il possède un hologramme de la chanteuse, qu'une intelligence artificielle active pour lui souhaiter une bonne journée et pour allumer les lumières quand il rentre à la maison.

Lors de la cérémonie, la star aux cheveux turquoise était représentée par une petite poupée de chiffon. C'est la société Gatebox, créatrice de l'hologramme sous cloche, qui a fourni un certificat de mariage à l'heureux époux, bien sûr sans aucune valeur juridique. Akihiko a été la 3 805e personne à se marier avec un personnage fictif.

LES CAFÉS À THÈME

Tout est conçu pour faire rêver les Japonais (et les touristes), afin de les sortir de leur quotidien morose et de les amener à consommer. Car, oui, *consommation* est le mot d'ordre au Japon. Les cafés étant des lieux de convivialité par excellence, il n'est pas étonnant qu'ils aient été choisis comme terrain de jeu pour toutes sortes d'excentricités.

LE **KAWAII MONSTER CAFÉ**

Direction le quartier Harajuku à Tokyo pour y découvrir l'un des endroits de culture pop les plus originaux et colorés. Ici, tout est *kawaii* et délirant. Dès le porche, on pénètre dans un monde surréaliste, dont le tunnel d'accès caverneux est tapissé de représentations colorées et fantasques. Une fois le tunnel passé, un immense gâteau factice s'étale devant nos yeux, au milieu d'un café circulaire : fruits, crème et Pikachu s'y disputent la place d'honneur dans une débauche de couleurs et d'arrondis. Deux hôtesses, l'une en *gothic lolita* avec des chaussures Marie-Antoinette et un faux poisson accroché à la robe, l'autre en habits duveteux rose et mauve, accueillent le client d'un bienvenue strident. Les demoiselles tiennent également le rôle de danseuses, montant de temps

> Ici, tout est *kawaii* et délirant.

en temps sur le gâteau géant pour entamer des chorégraphies dynamiques à l'intention des consommateurs.

Ce café sert des gourmandises sucrées et salées, elles aussi *kawaii* et débordant de couleurs – qui nous font craindre les additifs chimiques mais qui ravissent les yeux ! De nombreux étrangers se retrouvent dans ce café ; il est également le rendez-vous des Japonais à la recherche de l'innocence perdue sans avoir à se soucier de ce que disent les autres.

LES *ANIMAL CAFÉS*

Chez nous, Occidentaux, les animaux sont souvent interdits dans les cafés pour cause d'hygiène et de nuisance sonore ou olfactive. Lorsqu'ils sont acceptés, c'est parfois avec le regard en coin du cafetier. Au Japon, des cafés spéciaux sont dédiés aux animaux de compagnie, où ils sont les rois. En effet, les animaux sont le plus souvent refusés par les propriétaires des appartements nippons, ce qui prive les locataires japonais du bonheur d'en choyer chez eux. Alors ils vont ailleurs.

Le premier du genre a été le *neko café*, ou café à chats, dans lequel vous prenez un thé en compagnie de dizaines de chats que vous pouvez caresser, prendre dans vos bras et même nourrir. Des consignes vous sont fournies à l'entrée, pour leur bien-être. Pour quelques yens de l'heure, vous voilà détendu.e, bercé.e par le son caverneux de leurs ronronnements. Il existe plus d'une centaine de *neko cafés* au Japon, et la tendance ne fait que se confirmer. Les lieux sont exemplaires au niveau de l'hygiène et les animaux bien traités.

Mais les Japonais aiment se démarquer et ont élargi le concept à toutes autres sortes d'animaux : lapins (*usagi cafés*), chouettes (Hoot Hoot), hérissons (Harry), serpents (Snake Center Café) et même pingouins (Penguin Bar) ou petits cochons ! Les interactions sont limitées avec certains de ces animaux, afin de respecter autant que possible les lois sur la protection animale. On peut néanmoins se poser des questions sur leur vie dans ces lieux clos, si loin de la nature et si peuplés d'humains…

Il existe également des centres de location de chien à l'heure, soit le plaisir sans la contrainte, et tout ce qu'il faut pour les passionnés de ces animaux. Il suffit pour s'en convaincre de visiter Odaiba, l'île artificielle de la baie de Tokyo : massage, acupuncture, bain thermal, etc. pour des canins considérés par leurs propriétaires comme des membres à part entière de la famille.

Le concept d'*animal café* a été repris par plusieurs pays du monde, dont l'Autriche et la France.

LES ***MAID* (*MEIDO*) *CAFÉS***

Ces cafés se trouvent majoritairement dans les quartiers Akihabara à Tokyo et Den-Den à Osaka. Les serveuses, toujours souriantes et qui ont 17 ans-pour-toujours, y sont vêtues en soubrette de style victorien et en jouent le rôle à la perfection. Ces demoiselles aux allures de personnage de manga vous appellent Maître ou Jeune Princesse et multiplient les attentions pour que vous restiez longtemps et reveniez souvent. Mais rien de pornographique ni de déplacé, elles ne sont pas des prostituées.

S'il est courant d'en voir dans les rues de ces quartiers à distribuer des prospectus et même à vous accompagner jusqu'à leur café, c'est parce que souvent les *maid cafés* sont à l'étage d'immeubles et ne sont pas visibles de l'extérieur.

Les soubrettes n'ont pas pour seule fonction de prendre les commandes et de les servir à table ; elles vous encouragent à participer à des jeux, à prendre des photos (payantes) avec elles, et sont disponibles pour discuter un peu avec vous. Bon, chaque activité est payante, mais le but n'est-il pas de vous faire passer un bon moment ?

La gent masculine n'est pas la seule à fréquenter ces lieux : des couples, des filles seules ou en groupe peuvent s'y retrouver aussi, même si ce n'est pas la majorité.

Plus insolite encore, si dans les *maid cafés* Moe Meido les serveuses sont souriantes et pleines de vie, dans d'autres elles jouent le rôle de jeunes filles déprimées prêtes à éclater en sanglots à tout moment (Yandere Meido), histoire de titiller votre fibre empathique. Il existe même à l'inverse une catégorie de *maid cafés* où elles vous font savoir qu'elles n'ont pas envie de vous servir (Tsundere Meido) – pour les masochistes ou celles et ceux qui ont un humour développé…

Et si vous souhaitez être servi.e par des domestiques hommes selon le même concept du *maid café*, rendez-vous dans un *butler café* !

LES **CAFÉS PRISON**

Adeptes des expériences étranges, voire glauques, vous trouverez de quoi contenter votre curiosité dans ces cafés populaires reproduisant l'univers des prisons. Au Lock-Up (Shibuya, Tokyo), des serveurs habillés en détenus vous menottent pour vous mener à votre table, qui se trouve dans une cellule avec barreaux ! Et pour pimenter un peu plus la soirée, la lumière s'éteint à un moment donné dans tout le café et une musique inquiétante se répand dans l'air, tandis que des personnages d'horreur viennent effrayer les clients.

À l'Alcatraz E.R. (également à Shibuya), sorte d'hôpital de prison, l'ambiance est lugubre à souhait. Une grande attention a été portée aux décors, qui font froid dans le dos : les murs semblent hurler le désespoir des pensionnaires. Pour obtenir l'attention du personnel, il faut taper sur les barreaux de la cellule. Les serveuses, déguisées en infirmières, jouent leur rôle jusqu'à gifler le consommateur qui aura commandé un certain alcool. Les menus sont tachés de sang, les boissons servies dans des urinoirs ou de faux crânes humains. Attention, âmes sensibles, dans certaines boissons trempe une banane décorée suggérant de manière très réaliste un sexe, quand d'autres sont touillées avec un vibromasseur… Ici aussi, des évasions ont soudain lieu dans le noir, avec sirènes, flashs rouges et lumière stroboscopique à la clé.

LE **VAMPIRE CAFÉ**

Bienvenue dans l'antre de Dracula ! Le Vampire Café niche dans le bâtiment d'une petite rue du quartier de Ginza à Tokyo. C'est le comte en personne qui vous accueille à l'entrée. Le décor est bien sûr à dominante rouge et noir, jusqu'au lavabo des toilettes qui semble imprégné de sang. Un cercueil à l'entrée donne le ton. Dans cet antre spectral, le chuchotement s'impose, pour ne pas – trop – réveiller les morts. Comme dans tous ces cafés particuliers, celui-ci sert des mets en sus des boissons, la plupart du temps arrangés en croix dans les assiettes. Pour compléter l'effet, le menu a la forme d'un cercueil.

En résumé, le Japon n'a pas son pareil pour inventer des cafés-restaurants à thème tous plus excentriques les uns que les autres. Il suffit de passer au Tokyo Decadance Bar, au Kagaya (son patron est, paraît-il, le plus délirant de Tokyo), au Little BSD – dont les serveuses vous accueillent en cosplay –, ou encore à Alice in Wonderland, et vous aurez compris jusqu'où l'extravagance peut aller.

LES *HOSTESS* ET *HOST CLUBS*

Culture pop ou pas, ces clubs font partie du paysage japonais au point d'être représentés dans des mangas, des anime, des téléfilms, des romans et des jeux vidéo. Ce sont des établissements où le consommateur paye une hôtesse pour boire avec lui et lui faire la conversation. Les hôtesses sont la plupart du temps jeunes, élégantes, et ont pour rôle d'être aux petits soins pour les clients, allant jusqu'à chanter pour eux. Ces clubs ne sont cependant pas des lieux de prostitution et le sexe en est banni.

Le même genre de club est destiné aux femmes : les *host clubs*. Les hôtes sont cette fois-ci de jeunes hommes séduisants qui remplissent le même rôle que les hôtesses, à savoir satisfaire en tout bien tout honneur leur clientèle féminine.

LES *LOVE HOTELS*

Il en existe à foison au Japon, parfois des rues entières ! Pour exemple, de nombreux *love hotels* sont regroupés près de la rue piétonne de Dōtonbori, à Osaka. Tokyo abrite la « colline des *love hotels* », dans le quartier de Dōgenzaka, à proximité de la gare de Shibuya. On en trouve souvent près des gares et dans les quartiers d'affaires des grandes villes. S'ils ont fleuri après la loi japonaise antiprostitution de 1956, ils sont surtout la réponse à un besoin d'intimité rarement rencontrée dans des foyers où plusieurs générations cohabitent – et dorment parfois dans la même chambre.

Les *love hotels* ne sont pas ces chambres sordides que le nom nous évoque (excepté les moins chers des bas quartiers). Leur devanture est extravagante et reconnaissable de loin. Ces établissements rivalisent d'ingéniosité pour attirer leur clientèle, proposant des chambres à thème toutes plus imaginatives les unes que les autres : au décor d'hôpital, de bateau de pirate, de wagon de train ou d'église ; sur le thème de Noël ou de Hello Kitty ; avec un carrousel dans la chambre ; de style victorien, etc. Du plus sage au plus trash. Ils sont très populaires, autant auprès des Japonais que des touristes. Il y en aurait trente sept mille dans tout le Japon.

SALONS ÉTRANGES

Nous connaissons tous la manucure, la pédicure, la coiffure, l'épilation et autres soins du corps, mais les Japonais poussent (une fois de plus) le bien-être plus loin, avec des salons où l'on se fait nettoyer les oreilles par une professionnelle du « *mimi-kaki* » ! Une jeune femme en kimono pose votre tête sur ses genoux et vous récure consciencieusement l'intérieur des oreilles dans une ambiance zen. Rien de sexuel, *a priori*, et pourtant ces salons ne désemplissent pas.

LE *MANGA KISSA*, ENTRE BIBLIOTHÈQUE ET HÔTEL

Vous avez manqué le dernier train ? Vous êtes insomniaque et avez une soudaine envie de lecture ? Votre budget a explosé et vous ne savez pas où dormir ? Le *manga kissa* est la solution toute désignée. Café-bibliothèque à l'origine, ce genre d'établissement ouvert 24 heures sur 24 a été repensé à la mode japonaise, à mi-chemin entre le cybercafé, la bibliothèque et l'hôtel d'un soir.

Le cybercafé, tout le monde connaît : de petites boutiques où l'on paye un accès à Internet à la demi-heure ou à l'heure, où l'on peut trouver un service de photocopies et d'impressions, des articles de papeterie et autres babioles, ainsi que de petits en-cas. Là où les *manga kissa* dépassent – et de loin – nos attentes, c'est lorsqu'ils proposent, en sus d'étagères entières de mangas à la consultation, des DVD, des jeux vidéo, etc., et un box pour y passer la nuit ! Quelques coussins, un futon ou un fauteuil confortable, un ordinateur, et tout est dit. Dans certains *manga kissa*, vous avez même la possibilité de prendre une douche, gratuitement ou pour quelques centaines de yens. Les boissons y sont souvent à volonté.

LES GROUPES SANGUINS

Pourquoi parler des groupes sanguins au Japon ? Parce qu'une bonne partie de la population nippone croit fermement qu'ils déterminent la personnalité. Lorsque vous rencontrez de nouvelles personnes japonaises, votre groupe sanguin est ce qui les intéresse le plus après votre pays d'origine et peut-être votre âge.

Ce sont trois Japonais successifs qui ont ancré cette idée chez nos amis nippons. Le premier fut le docteur Kimata Hara, qui publia en 1916 un article sur le lien entre la personnalité et le groupe sanguin. Le professeur Takeji Furukawa enfonça le clou en 1927 en publiant des résultats de recherche sur le même sujet. Enfin, en 1971, le journaliste Masahiko Nomi y consacra un livre entier.

Une telle croyance mène hélas à des discriminations à l'école et peut même pénaliser dans le monde du travail. Malgré tout, des idoles et des personnalités célèbres japonaises n'hésitent pas à mettre en avant cette donnée médicale privée. Qui n'a jamais remarqué que le groupe sanguin figure dans les renseignements sur certains personnages de jeu vidéo, manga ou anime ?

Cette information intime, chez nous distillée avec parcimonie et dans un simple but médical, fait au Japon le bonheur des experts en marketing, qui proposent sans complexe des produits spécifiques à tel ou tel groupe sanguin, que ce soit pour des régimes alimentaires ou pour rencontrer l'âme sœur. L'horoscope japonais lui-même est basé sur les groupes sanguins et non sur le signe zodiacal. Un conseil pour passer une bonne soirée avec des Japonais : si vous êtes d'un groupe sanguin rare, ne le divulguez pas.

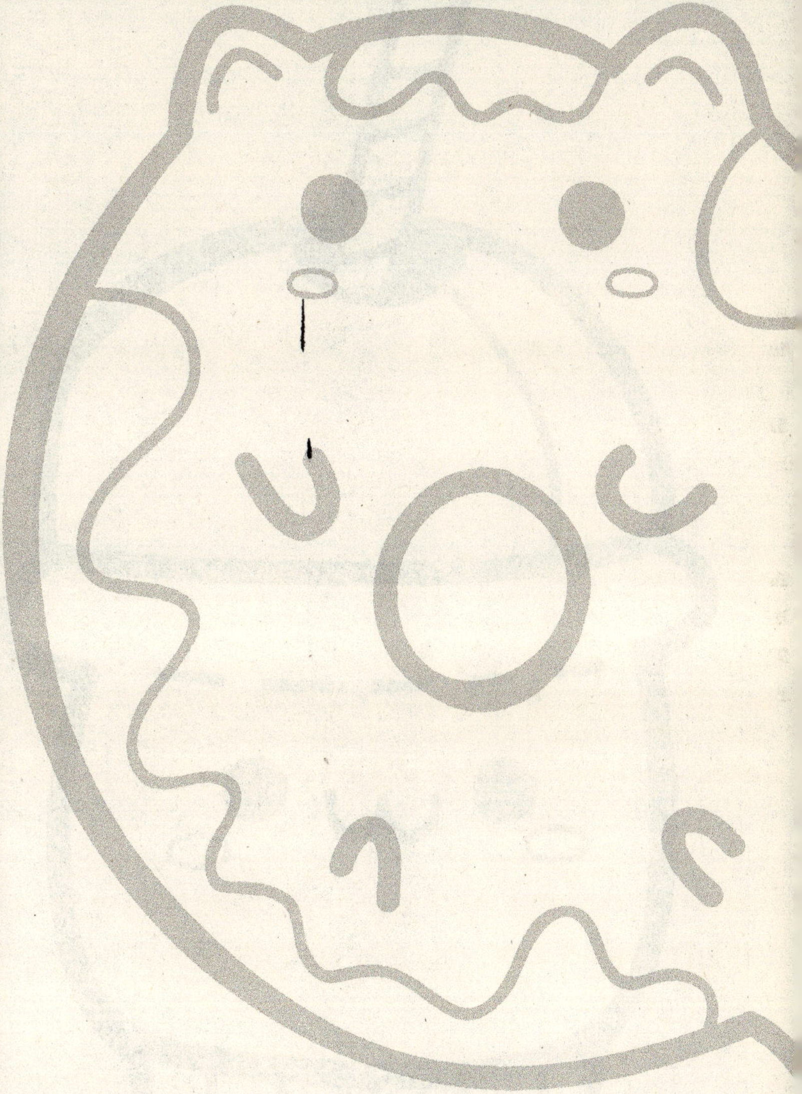

Vrai ou faux ?

MYTHES ET RÉALITÉS **SUR LA CULTURE POP JAPONAISE**

Il est des bruits qui courent… Alors, mythe ou réalité ?

HELLO KITTY N'EST PAS UN CHAT !

En 2014, coup de théâtre : de nombreux sites Internet révèlent que les propriétaires de Hello Kitty, ce personnage si adorable, auraient renié son état de chat. On s'étonne : des oreilles pointues, des moustaches, un petit nez rond… « Non, non, aurait affirmé Sanrio, Hello Kitty est une petite fille. Une amie. Mais pas une chatte. » Selon un porte-parole de la compagnie, « elle n'a jamais été représentée à quatre pattes. Elle marche et se tient comme une créature bipède. Hello Kitty est un personnage humanisé à 100 %[1] ». Allez dire cela aux enfants qui la reçoivent en cadeau, et c'est la crise de colère assurée.

Cette révélation pour le moins surprenante n'est cependant pas tout à fait exacte, et la barrière de la langue a dû jouer pour beaucoup. Le porte-parole de Sanrio à Tokyo a ainsi rétorqué au webzine *Kotaku* : « Hello Kitty a été conçue avec le motif d'un chat. C'est aller trop loin que de dire que ce n'est pas un chat. Hello Kitty est la personnification d'un chat[2]. » Et le webzine de préciser que le mot employé par le porte-parole pour *personnification* est *ginjinka*, qui signifie plus précisément « anthropomorphisation ». Nous voilà rassurés.

LES GRANDS YEUX DES PERSONNAGES D'ANIME ET DE MANGA RÉVÈLENT UNE INFLUENCE OCCIDENTALE

Vrai et faux. Qui ne connaît pas le personnage de Betty Boop, aux yeux immenses et bordés de longs cils, ou encore celui de Bambi ? Ces créations de Disney auraient été parmi les personnages préférés d'Osamu Tezuka, le maître du manga ; aussi, lorsque celui-ci a créé Astro Boy en 1952, le personnage avait-il de très grands yeux. Inspiration, influence ? Toujours est-il que la mode s'est perpétuée avec les mangakas qui ont suivi.

---

1. https://www.lci.fr/culture/hello-kitty-na-jamais-ete-un-chat-selon-la-societe-qui-la-commercialise-1555404.html.
2. https://kotaku.com/dont-be-silly-hello-kitty-is-a-cat-1627820750.

De grands yeux sont synonymes d'innocence, comme ceux des bébés humains ou animaux. Mais surtout, dans les mangas ou les anime, ils permettent de transmettre de nombreux états émotionnels et sentimentaux par leur position dans le visage, la couleur de leur iris, leur forme, leur taille. Le regard est également plus vif… et bien sûr *kawaii*. Dans ces cas-là, pourquoi hésiter ?

AU JAPON, IL EST FRÉQUENT DE RENCONTRER DES PERSONNES AU LOOK MANGA

Hélas, la mode est bien passée, et ce depuis une vingtaine d'années. Ces *lolitas* ou *gyaru* qui égayaient les rues, qui s'habillaient selon leur désir, de la façon la plus excentrique qui soit, sans être regardées autrement qu'avec admiration, eh bien c'est quasiment fini. Le Japonais lambda s'habille comme tout le monde, avec des couleurs passe-partout ; il a fini par rentrer dans le rang. S'il existe encore quelques quartiers, comme celui d'Harakuju à Tokyo, où des boutiques font la promotion de vêtements aux styles décalés, ceux-ci sont portés le plus souvent lors de manifestations festives ou dans certains lieux fermés, tels que le Kawaii Monster Café (voir p. 113).

AU JAPON, LA CARTE DE CRÉDIT SERT À TOUT PAYER

Faux. Le Japon est un pays où l'argent liquide est souverain (sans jeu de mots) et où souvent les cartes de crédit ne sont pas acceptées. Pas très moderne, n'est-ce pas ? Que l'on se rassure : il n'y a aucun risque à se promener avec une grosse somme d'argent sur soi, car le pays est l'un des plus sûrs au monde.

LES JAPONAIS PORTENT DES VESTES AVEC CLIMATISEUR INTÉGRÉ POUR SE RAFRAÎCHIR L'ÉTÉ

Vrai ! L'invention de Hiroshi Ichigaya n'a pas trouvé preneur en dehors du Japon (pour l'instant) mais elle est populaire auprès de nombreux Japonais, qui la trouvent efficace. C'est la firme japonaise Kuchofuku qui a commercialisé ces vestes climatisées après l'accident nucléaire de Fukushima en 2011 et suite à la demande subséquente des autorités nippones aux entreprises de réduire leurs dépenses énergétiques.

Le rendu n'est pas très esthétique car le quidam a tendance à ressembler à un Bonhomme Michelin lorsque les ventilateurs sont enclenchés, mais cette veste fait le travail et c'est tout ce qui importe – enfin, presque.

LE JAPON FAIT ÉTAT D'UN RETARD TECHNOLOGIQUE CERTAIN

Le pays est un paradoxe en soi. Sa politique conservatrice du « made in Japan, sinon rien » a tendance à alourdir les rouages du système, car elle est peu ouverte sur l'extérieur et ses nouvelles technologies. Et les manières de travailler archaïques dans de nombreuses entreprises laissent à penser qu'effectivement le

Japon a du retard dans certains domaines. En revanche, le pays propose toujours plus d'innovations technologiques incroyables en matière d'IoT (Internet des objets), d'intelligence artificielle et de robotique de façon générale.

Chapitre 8

SPÉCIAL *OTAKU* AU JAPON

Pour ceux et celles à qui prendrait l'envie de se rendre au Japon, voici quelques événements auxquels il serait dommage de ne pas assister, ainsi que quelques lieux incontournables à visiter. Pour les *otaku*, donc.

Mais qu'est-ce qu'un *otaku* ? *Otaku* désigne à la base une personne pas vraiment sociable et qui passe un peu trop de temps chez elle à des activités d'intérieur. Un *hikikomori* dans les cas extrêmes (quelqu'un qui ne sort plus de sa chambre durant des semaines, voire plus). C'est un comportement peu louable chez les Japonais, pour qui l'intérêt collectif est sacré. Mais, sous l'influence des Occidentaux, la définition a évolué pour finir par représenter une personne passionnée par un art ou un quelconque sujet au point d'être experte dans le domaine. Et le sujet qui nous intéresse ici, c'est tout ce qui a trait aux jeux vidéo, aux mangas, aux anime, aux robots. Donc vous êtes au bon endroit, fan de la culture pop japonaise que vous êtes !

LES FESTIVALS CULTURE POP

LE **COMIKET**

Le Comiket (ou Komike) est le plus grand rassemblement des arts de la culture pop. Cette convention bisannuelle se tient au palais des congrès Tokyo Big Sight, sur l'île artificielle d'Odaiba à Tokyo, en été et en hiver (mi-août et fin décembre). C'est ici que se retrouvent tous les *dōjinshika* (créateurs amateurs), en plus des professionnels.

Le bâtiment qui accueille la convention, immense, fait déjà rêver : son architecture en forme de « quatre coins » (ou « flip-flap ») inversé rappelle ce pliage de notre enfance sur lequel on lisait la bonne aventure en fonction du chiffre et de la couleur choisis. Sa fréquentation lors du Comiket varie entre cinq cent mille et sept cent mille visiteurs ! La convention dure trois jours, pendant lesquels on peut acheter tout ce qui se vend en termes de mangas, anime et autres créations afférentes. De nombreux professionnels s'y sont présentés comme *dōjinshika* à leurs débuts.

Les *cosplayers* sont bien sûr de la partie, défilant à l'extérieur dans leurs plus beaux costumes.

LE **SALON ANIMEJAPAN**

Toujours sur l'île d'Odaiba, voici cette fois-ci le plus grand événement mondial dédié aux anime. Le salon est annuel et se tient fin mars, durant quatre jours : deux pour les professionnels, deux pour le public. De nombreux studios d'animation, développeurs de jeux vidéo et de logiciels, chaînes de télévision et maisons d'édition y exposent, profitant de l'occasion pour annoncer leurs dernières nouveautés en exclusivité. L'endroit regorge de produits dérivés. Et les *cosplayers* répondent une fois de plus présent !

LE **WONDER FESTIVAL**

C'est LE festival auquel assister pour faire le plein de figurines. Certains produits sont vendus en édition limitée uniquement sur ce salon ! Il se tient généralement à Chiba, au Makuhari Messe, deux fois par an, en février et en juillet. C'est un très grand événement qui attire les foules. Attention : il ne dure qu'une journée, le dimanche.

Certains produits sont vendus en édition limitée uniquement sur ce salon !

Non seulement y sont présentées des figurines de tous les arts culture pop japonaise confondus, mais, à l'extérieur, des *itasha* – ces voitures customisées avec des personnages de manga – font le show, ainsi que des *cosplayers* tous plus originaux les uns que les autres.

LE **TOKYO GAME SHOW**

Au Makuhari Messe de Chiba également, le Tokyo Game Show, organisé par le CESA, est un salon du jeu vidéo qui se tient tous les ans en septembre, sur quatre jours. Une kyrielle de studios et éditeurs y dévoilent leurs prochains titres. Le cosplay est encore une fois invité, ainsi que des tournois d'e-sport. Les deux premiers jours sont réservés aux professionnels. Le quatrième jour sont annoncés les *Japan Game Awards*, qui récompensent les meilleurs jeux. À ne pas manquer.

LE **SUMMER SONIC FESTIVAL**

Voilà un festival pour les fans de musique qui décoiffe. Organisé simultanément à Osaka et à Chiba en août de chaque année (le troisième week-end en général), non seulement il accueille les artistes musicaux les plus influents de la scène pop, rock et dance japonaise, mais il ouvre également ses portes aux groupes internationaux. Des groupes aussi célèbres que les Red Hot Chili Peppers, Linkin Park, Metallica ou Oasis et, du côté japonais, Babymetal, Seventeen et B'z ! Des concerts dont on se souvient toute sa vie.

LES QUARTIERS SPÉCIAUX CULTURE POP

Comment ne pas visiter les célèbres quartiers représentatifs de la culture populaire au Japon ?

AKIHABARA ELECTRIC TOWN

Ce quartier du centre de Tokyo est célèbre pour ses multiples boutiques d'électronique et ses magasins de mangas, anime, jeux vidéo et figurines. Il serait le plus grand quartier d'*otaku* au monde. Si l'envie vous prend de construire un robot, c'est là-bas qu'il faut aller chercher vos pièces détachées. Au niveau de la gare d'Akihabara existe le plus grand magasin d'électronique au monde, le Yodobashi Kamera, dans lequel jouets, ordinateurs portables, électronique de tout bord, films et vêtements se partagent les étages. Et pour les collectionneurs, des magasins proposent des cartes de jeux à collectionner, dans de petits sachets. Attention : une carte rare de grande valeur se cache peut-être au milieu des autres !

Ici, les couleurs et les publicités sont à la fête, sur les façades d'immeubles, partout où porte le regard dans les rues ; et les enseignes semblent infinies. C'est également dans ce quartier que vous trouverez les *maid cafés*.

Saviez-vous qu'après la Seconde Guerre mondiale, lors de la reconstruction d'Akihabara, ce sont des étudiants qui ont investi les lieux, pour y ouvrir des échoppes où ils vendaient les surplus de l'armée américaine ?

NAKANO BROADWAY

Nakano Broadway est un grand centre commercial de Nakano, à l'ouest de Tokyo, réputé pour être le rendez-vous des passionnés d'anime, de mangas et de culture pop de façon générale. Il est moins connu des touristes que Akihabara, mais c'est là que collectionneurs et geeks de tout poil partent à la recherche de perles rares, dans les trois étages qui leur sont presque entièrement dédiés.

Nakano Broadway est aussi l'endroit où se nichent les très nombreuses boutiques de la fameuse enseigne Mandarake, grande prêtresse du manga et de ses produits dérivés, dont la plupart sont des produits d'occasion. Chaque boutique est spécialisée dans une catégorie d'articles ou un genre. C'est ici que vous achèterez, outre vos dernières – ou premières – éditions de mangas ou de *dōjinshi*, vos maquettes de Godzilla, robots et engins futuristes à monter, vos figurines, jouets, jeux vidéo, accessoires de cosplay… la liste est longue.

IKEBUKURO

Situé au nord-ouest de la capitale, dans l'arrondissement de Toshima, Ikebukuro regorge de restaurants, de boutiques et de tout ce qui a trait aux divertissements ; mais c'est également le quartier sacré pour les fans d'animation japonaise. La boutique Animate d'Ikebukuro, de la franchise éponyme, va d'ailleurs devenir en 2023 le plus grand magasin au monde dédié aux anime. Les magasins de la zone Otome Road (la « rue des jeunes filles ») ciblent plus spécifiquement les *otaku* de genre féminin.

De nombreuses performances musicales ont lieu dans les rues de ce quartier. C'est aussi à Ikebukuro que sont installés le célèbre Pokémon Center, Junkudō Ikebukuro – la plus grande librairie du Japon –, ainsi que la tour Sunshine City et ses loisirs.

La Sunshine City accueille tous les ans le festival annuel du cosplay durant la période d'Halloween. L'occasion de faire de superbes photos !

SHINJUKU

Cet arrondissement est l'un des plus animés de Tokyo. Shinjuku se divise en plusieurs quartiers, où des gratte-ciel imposants se partagent l'espace avec des temples, où une représentation gigantesque de Godzilla menace les passants depuis la terrasse d'un cinéma, où des façades entières d'immeubles figurent des personnages de manga ou d'anime, où encore un très grand parc apporte un oxygène bienvenu dans la ville. Puis, dans le quartier Golden Gai, au pied des lignes de métro aérien, le dépaysement est total : des rues étroites accueillent de minuscules restaurants, témoignant du quartier tel qu'il était avant la guerre. Artistes et célébrités s'y retrouvent en habitués, cherchant l'intimité et la convivialité.

Shinjuku, c'est aussi Kabukichō, le quartier chaud de Tokyo, avec ses *love hotels*, ses bars à hôtesses et tout ce qui s'y joint.

Shinjuku est si particulier et hétéroclite qu'il est souvent choisi pour des réalisations de films. Il faut dire que les lumières et néons à foison ajoutent grandement à son charme.

SHIBUYA

Shibuya est très populaire, notamment auprès des étudiants tokyoïtes. Le quartier est fascinant, mêlant la modernité à la tradition pour un ensemble qui prête à la rêverie, mais également à la fête. Il est très animé, surtout la nuit. Faut-il mentionner la propreté générale des rues, pour laquelle le Japon est reconnu et qui rend les promenades si agréables ?

Zara, Louis Vuitton, Ikea, Gucci… autant d'enseignes qui tranchent avec le paysage mais qui nous rappellent que le pays a su s'ouvrir à l'Occident. Ces boutiques, toutefois, ont été consciencieusement revisitées à la japonaise : des décors impliquant des personnages de manga et d'anime, ou même totalement loufoques. C'est aussi à Shibuya qu'on découvre les dernières tendances en matière de mode. Le paradis pour les adolescents.

Située à quelques minutes à pied de Shibuya Station, la Tower Records, tour massive de huit étages à l'enseigne jaune et rouge « *No music, no life* », est le temple des fans de musique, qui viennent acquérir ici les tubes de leurs groupes *J-pop* préférés. Tower Records est une chaîne de magasins de disques américaine, mais, en 2002, Tower Records Japan s'en est affranchie pour devenir indépendante.

Et dans les ruelles piétonnes de Nonbei Yokocho se trouvent, comme à Golden Bai, de petits restaurants ou bars où l'on ne peut entrer qu'à quatre ou cinq personnes maximum. Convivialité garantie !

Vous voulez donner rendez-vous à vos amis à Shibuya ? Indiquez le square Hachiko (le chien fidèle à son maître, une icône du Japon), c'est là que tout le monde se rejoint.

HARAJUKU

Harajuku était une plaque tournante du cosplay entre 1980 et 2000. C'est aujourd'hui le quartier branché de la jeunesse japonaise, celui où se font et se défont les modes. On y trouve toutes sortes de vêtements et d'accessoires originaux, notamment dans la Takeshita Street, où il arrive encore de voir des *cosplayers* déambuler. La rue attire en outre de jeunes Japonaises et Japonais à l'affût d'articles qui leur permettront de compléter ou de renouveler leurs tenues ; Takeshita Street est ainsi le rendez-vous obligé des *lolitas*, *decora*, *gothic*, *maid*, etc.

Et pour les accros au sucré, les mignonnes crêpes multicolores ou les barbes à papa arc-en-ciel vendues dans la rue combleront les papilles autant que les yeux. Les arcades qui délimitent la rue Takeshita sont tout aussi délirantes, décorées à la mode *kawaii*.

Le long de Meiji-dōri, le centre d'information coloré Moshi Moshi Box exprime à lui seul la fantaisie qui anime ce quartier : il expose dans sa vitrine la sculpture extraordinaire d'une horloge géante, la Colorfull Rebellium, composée d'une multitude de petits objets en plastique de notre enfance, une création de l'artiste Sebastian Masuda.

Dans les rues plus calmes d'Urahara, la première galerie d'artistes indépendants, la Design Festa Gallery, est un laboratoire bouillonnant de créativité. Repérable au réseau tubulaire inextricable qui décore sa façade, l'endroit évolue constamment, au gré des artistes qui l'investissent le temps d'une journée, d'une semaine, voire davantage. La seule règle pour pouvoir y exposer est de montrer un travail original. Un restaurant chaleureux complète le lieu, véritable QG où débattre de la place de l'art au Japon et dans le monde.

NERIMA

C'est à Nerima que s'est implanté le premier studio d'animation du Japon. Ils sont aujourd'hui nombreux dans le quartier, dont le fameux studio Toei Animation et son musée. Doraemon, le robot-chat bleu si chéri des Japonais, est né ici.

Dans ce quartier, quoi de plus savoureux qu'un petit voyage dans le temps ! Oizumi Anime Gate est une promenade agrémentée ici et là de statues en bronze représentant des personnages d'anciens dessins animés japonais.

KŌENJI

Le quartier de Kōenji, dans l'arrondissement de Suginami à Tokyo, est à contre-courant des tendances consuméristes de la société japonaise. Ici, tout se récupère, se recycle, se répare, se revend, et la part belle est donnée à une vie la plus éloignée possible du travail tant prôné au Japon, pour se concentrer sur la joie simple de vivre. Le quartier est très populaire, un brin rétro, entre boutiques vintage, temples et cafés atypiques. Ce qui ne l'empêche pas d'être animé.

Amateurs avertis de fripes revisitées par des créateurs reconnus, c'est ici que vous trouverez votre bonheur. Il paraît même que Lady Gaga et Pharrell Williams viennent dans la boutique Kitakore faire leur shopping ! C'est en tout cas ce que dit son créateur.

NIPPONBASHI

Ce quartier de la ville d'Osaka, communément appelé Den-Den Town, est le rendez-vous des *otaku* pour tout ce qui concerne les anime, objets de collection, jeux vidéo et gadgets en tout genre. Les collectionneurs s'y retrouvent pour échanger ou vendre des cartes de jeux, comme des cartes Pokémon. D'autres iront s'y affronter dans des tournois.

Au grand bonheur des passants et des photographes, chaque année en mars se rassemblent les *cosplayers* d'Osaka pour le festival annuel de Nipponbashi Street, de plus en plus fréquenté à mesure que la culture cosplay gagne en popularité. Une bonne façon d'attirer l'attention des influenceurs sur cet art…

Nipponbashi est également l'occasion de visiter l'un des nombreux cafés pittoresques du quartier : du café cosplay aux *animal cafés* en passant par le *maid café*, il y en a pour tous les goûts.

LES MUSÉES ET MAGASINS DÉDIÉS

Afin de mieux glorifier encore les mangas et anime, des musées de la culture pop ont été érigés un peu partout au Japon, décrivant les mondes et personnages fictifs favoris des Japonais, ainsi que la manière dont ils ont été conçus.

Des statues grandeur nature ainsi que des figurines et produits dérivés complètent souvent le lieu.

GUNDAM BASE TOKYO

Le Gundam Base Tokyo, à Odaiba, est à la fois un musée et un gigantesque magasin sur le thème des *mecha* de la franchise Gundam, ces armures géantes robotisées. À l'extérieur du centre commercial, une statue de Gundam de presque vingt-cinq mètres de haut fait le show quatre fois par jour. Pour les fans de cette franchise.

MANDARAKE

Mandarake, présente dans tout le pays, est l'une des plus grandes chaînes de magasins de livres d'occasion et d'articles liés à l'animation japonaise. Dans le centre commercial de Nakano Broadway à Tokyo, chacun des plus de trente points de vente du magasin est spécialisé dans un genre ou une catégorie d'articles. Une manne pour les *otaku*. Le Mandarake du quartier d'Akihabara propose sur huit étages tout ce qu'il est possible d'imaginer en termes de culture pop japonaise, du manga au cosplay en passant par les jeux vidéo rétro et les cartes à jouer. Chaque étage est spécialisé dans un type d'articles particulier. Mandarake vend également en ligne.

Saviez-vous que la première boutique à l'origine de Mandarake, ouverte dans le quartier de Nakano en 1980, était une librairie de mangas d'occasion d'à peine 7 m^2 ? Elle avait été fondée par le mangaka Masuzo Furukawa. Mandarake est aujourd'hui cotée en bourse. C'est ce qu'on appelle une belle réussite commerciale !

SANRIO PUROLAND

Ce parc à thème en intérieur situé à Tama, à l'ouest de Tokyo, honore les personnages de Sanrio. Décorations, spectacles, parades, attractions, tout est fait pour vous plonger dans les univers *kawaii* de Hello Kitty, de My Melody et des Little Twin Stars. Ce parc très populaire accueille en majorité des familles avec enfants, mais il n'est pas rare d'y croiser des adultes en pleine nostalgie de l'enfance…

Chapitre 9

LA CULTURE POP JAPONAISE **EN FRANCE**

Si tu ne peux pas aller au Japon, alors le Japon ira à toi. Voici quelques lieux en France, éphémères ou permanents, où il est possible de satisfaire sa curiosité ou sa passion en matière de culture pop japonaise. Nul doute que bien d'autres sont à découvrir dans chaque région.

EXPOSITIONS ET FESTIVALS

Il en existe de nombreux dans toute la France, qui ne seront pas tous détaillés ici. Le choix est resté aléatoire, même s'il fallait néanmoins citer les plus connus.

LA **JAPAN EXPO**

L'incontournable Japan Expo se tient tous les ans depuis l'an 2000 au parc des expositions de Paris Nord Villepinte, entre fin juin et début juillet, sur quatre jours. La culture pop japonaise y est présentée sous toutes ses coutures, du manga à la mode en passant par la musique et le cinéma. Une partie de cette exposition est également consacrée aux arts martiaux et aux traditions. L'occasion de rencontrer de grands acteurs japonais : mangakas, réalisateurs, musiciens... Des spectacles, animations, miniconcerts, jeux et ateliers ponctuent le festival, des *cosplayers* défilent dans leurs plus belles tenues. Les organisateurs promettent plus de sept cent cinquante événements à leur programme !

Tout le programme sur le site : https://www.japan-expo-paris.com.

PARIS MANGA & SCI-FI SHOW

Tel que les organisateurs le présentent, le Paris Manga & Sci-Fi Show est le premier festival parisien de la culture pop. Il se déroule deux fois par an, à Paris Expo Porte de Versailles. L'événement regroupe sur deux jours les univers de la culture pop asiatique, européenne et américaine, avec tous les stands et animations qui leur sont dédiés. Ce partage d'affiche permet de côtoyer des *cosplayers* à la fois du monde des mangas, des Marvel et de Disney. Le Paris Manga & Sci-Fi Show a fêté en mars 2022 sa 31e édition.

Tout le programme sur le site : https://www.parismanga.fr.

LA **JAPAN EXPO SUD**

Direction Marseille, avec la petite sœur de la Japon Expo Paris. La manifestation existe depuis 2009 et se tient en février au palais des congrès et des expositions de Marseille Chanot, sur trois jours. Sur le même concept que son aînée parisienne, la Japon Expo Sud propose une immersion dans le Japon à la fois traditionnel et culture pop.

Tout le programme sur le site : https://www.japan-expo-sud.com.

ART TO **PLAY**

C'est à la fin de l'automne que se déroule le très attendu festival Art to Play, dédié à la culture pop japonaise, au parc des expositions de Nantes. Concerts, projections d'anime, jeux vidéo, nombreuses animations, invités du monde du manga et du jeu vidéo, influenceurs, *cosplayers*, quiz… tout est prévu pour passer un bon moment et plonger à pieds joints dans l'univers si particulier du Japon pop et traditionnel. En 2022 et pour la onzième année consécutive, le festival ouvrira ses portes le troisième week-end de novembre.

Concerts, projections d'anime, jeux vidéo, nombreuses animations, invités du monde du manga et du jeu vidéo.

Tout le programme sur le site : https://www.art-to-play.fr.

KAMO CON

Le salon annuel Kamo Con, organisé par l'association dijonnaise Kamo Event, se tient en avril ou mai au palais des congrès de Dijon, sur deux jours. L'édition de 2022 a été la cinquième. Le salon est dédié à la culture asiatique en général, plus particulièrement aux mangas, BD, comics et jeux vidéo. Des exposants professionnels de même qu'amateurs, ainsi que de jeunes créateurs, y présentent leurs travaux et leurs projets. Des espaces de gaming, de cosplay et dédiés à la science-fiction se partagent le lieu, pour le plus grand plaisir des passionnés. Tournois de jeux et spectacles animent la manifestation ; et de nombreux invités viennent parler de leur art ou de leur passion. Il existe même un espace karaoké !

Tout le programme sur le site : https://kamo-con.fr/.

MANG'AZUR

Toulon a son propre festival annuel de la culture japonaise, qui se tient au printemps. En 2022 et pour sa quinzième édition, il s'est déroulé les 16 et 17 avril, au palais des congrès Neptune. Au programme, des jeux, des conférences, des concerts, du karaoké, des démonstrations d'arts martiaux, du cosplay, etc. Le festival s'est même doté de *pachinko* pour l'occasion, ainsi que de l'Arcade Tour, la première salle d'arcade mobile de France, avec des jeux délicieusement rétro allant des années 1980 aux années 2000.

Mang'Azur promeut, outre la culture traditionnelle, la culture pop japonaise, ainsi que la scène française fanzine et de jeunes créateurs.

Tout le programme sur le site : https://www.mangazur.fr.

JAPAN TOUCH HARU & GEEK TOUCH

Le programme de ce festival lyonnais est plutôt alléchant et les diverses animations promettent chaque fois de grands moments : atelier de cosplay, atelier de cuisine, rétrogaming, jeux VR, etc. Lors du Japan Touch de novembre 2021, les titres ont fait rêver : spectacle « Merci Hayao Miyazaki » ; quiz « Carnage » ; expo « Nuit japonaise » ; karaoké géant *One Piece* ; défilé de mode Harajuku…

Le festival se déroule sur deux jours, habituellement au parc des expositions Eurexpo Lyon. Celui du printemps 2022 s'est tenu les 7 et 8 mai. Le billet pour le JT Haru donne accès à l'espace Geek Touch.

Japan Touch propose plusieurs manifestations dans l'année, autant à Lyon qu'à Brest et Toulouse.

Tout le programme sur le site : https://www.japan-touch.com.

LA CHIBI ROUEN

C'est le rendez-vous normand de la culture pop japonaise et geek. Deux jours d'immersion en octobre, au parc des expositions de Rouen. Anime, mangas, jeux vidéo, cosplay, *J-pop* et *K-pop*, conférences, ateliers… La convention 2021 était organisée en trois scènes : la scène *Odoru*, pour les concerts ; la scène *Maiku*, pour les conférences autour de l'animation et des mangas, avec dédicaces en prime ; et la scène *Dento*, réservée aux quiz et au karaoké.

Tout le programme sur le site : https://chibirouen.fr.

LA **MANGA MANIA**

Le festival de Montélimar dédié au manga et à la culture japonaise se tient chaque année en juin au palais des congrès Charles-Aznavour. La recette est la même que pour les autres festivals : spectacles, concerts, cosplay, ateliers, animations, invités, concours, tournois sur bornes d'arcade… Celui de 2022 était sa sixième édition, exceptionnellement sur trois jours au lieu de deux.

Pour en prendre plein les yeux et les oreilles, et peut-être vous offrir des pièces manquant à votre collection pop !

Tout le programme sur le site : https://www.manga-mania.fr.

LA **JAPAN ADDICT Z**

C'est au Zénith de Strasbourg que les fans et les curieux de culture pop japonaise se retrouvent, habituellement en juin, pour le festival Japan Addict Z. Le nom parle de lui-même. L'événement dure deux jours. L'édition 2022 a rendu hommage au manga le plus vendu au monde, *One Piece*.

Tout le programme sur le site : https://japanaddictz.fr.

QUELQUES LIEUX PERMANENTS

En attendant d'assouvir sur place vos envies d'*otaku*, voici quelques endroits en France où vous pourrez vous connecter à la culture pop japonaise. Le but n'étant pas ici d'énumérer tous les lieux existant dans le pays, mais de vous donner quelques pistes à suivre…

MANGA POP

Direction Le Mans, dans la Sarthe. Ce café-lecture spécialiste de la culture pop japonaise a été créé en 2018, il est donc assez frais. Près de deux mille deux cents mangas sont mis à la disposition des consommateurs. La collection s'enrichit de nouveaux livres tous les deux mois. Côté café, le Manga Pop propose des boissons et des friandises japonaises, histoire de rester dans le ton. Une boutique complète le lieu, avec des figurines et autres produits dérivés culture pop, parfois collectors. Divers événements sont organisés dans l'année, comme des expositions, des soirées à thème, des soirées jeux, etc.

Leur site : www.mangapop.fr.

LIBRAIRIE JUNKU

C'est à Paris, dans le 1er arrondissement, que se trouve cette librairie japonaise aux milliers de mangas et autres livres, chez qui la communauté culture pop vient se nourrir. Elle proposait de nombreux magazines de mode, mais il n'en reste que très peu à l'étalage ; néanmoins, il est possible d'en commander ou de s'abonner sur le site. La librairie possède un espace lecture, ainsi qu'un petit coin boutique où sont vendus quelques objets et fournitures pour dessinateurs.

Leur site : www.junku.fr.

LA **LIBRAIRIE** DES **OTAKUS**

À Lens, dans le Pas-de-Calais, La Librairie des Otakus, ouverte fin 2019, fait le bonheur des amateurs et férus de mangas et comics. Elle vend du neuf et de l'occasion, vous pouvez donc y monnayer vos propres mangas. Outre ces ouvrages – plus de cinq mille références –, elle propose également des magazines, des produits dérivés et des *umaibo* (de petits snacks japonais). Si vous ne trouvez pas vos produits préférés dans le magasin, la librairie peut vous les commander.

Leur site : https://librairie-otakus.fr.

LA **MAISON** DE LA **CULTURE** DU **JAPON**

La MCJP, à Paris, est un bon endroit où visiter des expositions sur la culture pop japonaise. Elle en propose de temps en temps, sur place ou en ligne via des vidéos. En octobre 2021, par exemple, s'est tenue une exposition sur l'histoire au Japon et en France de Goldorak, le célèbre robot géant. Le site Internet de la MCJP présente de son côté des tutoriels pour apprendre à dessiner des mangas, confectionner de délicieuses pâtisseries japonaises, etc.

Leur site : www.mcjp.fr.

DES **BOUTIQUES** DE **COSPLAY**

Black Sugar

Black Sugar est une boutique de vêtements et de cosplay du 11e arrondissement de Paris, spécialisée dans les articles liés au monde du manga et de la « japanimation ». *Gothic, lolita, maid,* il y en a pour tous les goûts et à profusion !

Leur site : https://blacksugar.fr.

Angelic Pretty

Près du Louvre, sous les arcades des Tuileries à Paris, se trouve la boutique Angelic Pretty, l'une des marques les plus connues pour les *lolitas.* Les articles arrivent directement du Japon. Rien que la boutique vaut la visite, dans une atmosphère tout à fait *kawaii.*

Leur site : https://angelicpretty-paris.com.

Cosplay

Un site en ligne excellent pour acheter le cosplay de vos héros et héroïnes de *One Piece*, *Naruto*, *My Hero Academia*, etc., avec les perruques adaptées. De quoi se faire admirer et photographier dans toutes les conventions cosplays.

Leur site : https://cosplay.fr.

LE **PETIT TOKYO** DE **PARIS**

Surnommé « Little Tokyo », le quartier qui entoure la rue Sainte-Anne à Paris a vu grandir sa population japonaise dans les années 1980, après le déménagement des gays du quartier vers leur nouvelle destination, le Marais. La place libérée était alors devenue le fief des premiers hommes d'affaires immigrés japonais.

La rue Sainte-Anne est ponctuée de petits restaurants et commerces japonais. C'est paraît-il l'endroit où se dégustent les meilleurs sushis de Paris. N'oubliez pas, outre la rue Sainte-Anne, de visiter la rue des Petits-Champs, la rue Saint-Augustin et le passage Choiseul. Ne vous attendez pas cependant à retrouver la folle ambiance et les enseignes si caractéristiques de Tokyo, l'architecture est française et le tout reste sobre. Néanmoins le quartier est animé.

TEST : ES-TU UN.E *OTAKU* ?

1. As-tu toi-même confectionné ton cosplay ?

a. Je préfère le louer dans un magasin de farces et attrapes. Le fabriquer soi-même, ça ne fait pas un peu enfant ?

b. Ça m'a pris des jours et des jours, mais ça y est, mon cosplay est enfin terminé. J'ai souffert pour coudre tous les tissus ensemble mais le résultat est vraiment nickel. Je pense que je vais le faire en double, au cas où il subirait un accroc lors d'une convention.

c. Nan, c'est ma mère. Mais elle se débrouille bien.

2. As-tu sur tes étagères des éditions limitées de figurines de manga et d'anime ?

a. C'est un peu cher, quand même.

b. J'ai trouvé une figurine hyper rare, un petit bijou, que j'ai obtenue en échange de ma collection entière de BD de *Luky Luke* (ouais, c'est mes parents qui m'offraient ça…) auprès d'un type un peu louche, qui lui-même avait acquis la figurine je ne sais trop comment. Mais qu'est-ce qu'elle est belle… !

c. J'en ai une, au milieu de *goodies* de *Star Wars*.

3. Es-tu déjà allé.e au Japon ?

a. Bah non, il y a Internet pour ça.

b. Bien sûr. Je suis de tous les plans. J'ai même tenté Erasmus.

c. J'économise pour y aller un jour.

4. Si oui, quel est l'endroit vers lequel tu t'es tout de suite dirigé.e ?

a. Nakano Broadway. Il me manquait deux ou trois séries de mangas, quelques figurines et des cartes à jouer rares.

b. Si j'étais allé.e au Japon, j'aurais d'abord cherché un Starbucks, le temps de m'acclimater. J'aime bien leur café.
c. Le quartier d'Harajuku, à Tokyo. Je devrais trouver mon bonheur là-bas.

5. As-tu un dictionnaire de japonais sur toi ?

a. Oui. Heureusement que les Japonais se montrent patients !
b. J'utilise de moins en moins mon *translator.*
c. J'aimerais bien, mais à quoi ça me servirait, je ne comprends rien à tous ces signes !

6. Sais-tu ce que signifie *Kanpai* ?

a. À tes souhaits !
b. Santé !
c. Gloire à toi !

7. Pourquoi d'après toi les personnages de manga et d'anime ont de grands yeux ?

a. Parce que les dessinateurs japonais ne savent pas dessiner des yeux normaux.
b. Pour les rendre plus mignons et attachants.
c. Pour mieux faire passer les émotions. C'est bien connu : les yeux sont le miroir de l'âme.

8. À combien de conventions de culture pop japonaise assistes-tu par an en France ?

a. Je vais à la principale, la Japan Expo.
b. Je n'en rate pas une, même celles dont le but est clairement mercantile. On ne sait jamais, je pourrais tomber sur un collector que je n'ai pas encore.

c. Je vais uniquement à celle qui vient dans ma ville, si ce n'est pas trop loin.

9. Que fais-tu lorsqu'un nouveau manga sort en France ?

a. J'ai une alerte qui me prévient de la date de sortie et je vais faire la queue devant le magasin ce jour-là, dès l'aube.
b. Je m'en fiche, je l'ai déjà acheté au Japon.
c. J'attends que quelqu'un me le prête.

10. Comment regardes-tu ton anime ? En VOSTFR ou en VF ?

a. En VF, nan mais qui parle japonais en France ??
b. En VOSTFR, mais d'ici quelques mois je pourrai attaquer la VO.
c. C'est quoi VOSTFR ? Je n'arrive même pas à le prononcer.

11. Comment lis-tu tes mangas ?

a. Comme tout le monde, pourquoi ?
b. De droite à gauche et de haut en bas.
c. De droite à gauche, mais parfois je ne comprends pas bien comment les images s'enchaînent.

12. Fréquentes-tu les *manga cafés* ?

a. Oui, et j'aimerais bien ne pas être dérangé.e pendant ma lecture.
b. Bah, tu peux apporter tes mangas dans n'importe quel café !
c. C'est là où je donne tous mes rendez-vous pour discuter entre copains.

13. Une bande de filles qui chantent et qui dansent avec une choré, c'est quoi pour toi ?

a. Des copines fêtant un enterrement de vie de jeune fille dans un karaoké.

b. Un groupe d'idoles *J-pop* ultra-connu et populaire.
c. Une *boys band* ringarde mais avec des filles… ?

14. Sais-tu ce qu'est un *otaku* ?

a. Un quoi ?
b. Pffff…
c. C'est quelqu'un qui ne sort pas beaucoup de chez lui.

Si tu as une majorité de b :

Là, respect. Tu es un.e véritable *otaku*, dans le bon sens du terme. Tu n'as certainement pas attendu que la culture pop japonaise arrive en France pour la connaître, et tu dois faire partie d'une communauté bien active dans le domaine. Tu as lu ce livre par simple curiosité, finalement, car tu connais tout ce qu'il y a à savoir sur le sujet. Dans ce cas, je te dis merci de l'avoir lu jusqu'au bout, maître.sse *otaku* ; et j'espère que tu t'es bien amusé.e en le parcourant.

Si tu as une majorité de c :

Tu es sur la bonne route pour devenir un.e *otaku*, mais il te reste encore du chemin à faire. Tes pas sont timides, certes, mais tu y mets de la bonne volonté et nul doute que tu y arriveras en t'investissant un peu plus. N'hésite pas à regarder des vidéos d'autochtones francophones ou anglophones sur le quotidien du Japon, en attendant de t'immerger dans le pays : elles t'en apprendront beaucoup sur la culture pop japonaise. Et en France la Japan Expo n'est pas la seule à valoir le détour !

Si tu as une majorité de a :

Non, n'insiste pas, tu n'es pas un.e *otaku*. Non, non, n'insiste pas.

Ou, si tu veux le devenir, attends-toi à beaucoup de travail…

LE LEXIQUE
POUR NE PAS AVOIR L'AIR TROP *NEWBIE*

Newbie est un terme anglais très utilisé dans le jeu vidéo pour désigner un débutant, quelqu'un d'inexpérimenté. Le mot pourrait se traduire par « bleu » ou « amateur ». Un *newbie* dénote par son jeu et ses interactions qu'il est nouveau et ne connaît pas les pratiques usuelles, mais il est de bonne volonté.

Voici donc quelques termes de la culture pop qu'il vous faut absolument connaître, ne serait-ce que pour ne pas être perdu.e dans vos conversations avec des passionnés.

Anime

Un anime désigne une série ou un film d'animation en provenance du Japon, ciblant souvent un public adulte. *Princesse Mononoké* est un anime, par exemple. À ne pas confondre avec le dessin animé destiné aux petits enfants, tel que *Zig et Sharko* (notons quelques exceptions dans le public ciblé, comme pour *The Simpsons* et *South Park*).

Cosplay

C'est un loisir (ou une passion) et une pratique qui consiste à jouer le rôle d'un personnage de fiction, tout en reproduisant le plus fidèlement possible son costume, sa façon de se coiffer, son maquillage, etc. Au Japon, le cosplay vise le plus souvent à imiter des personnages de manga ou d'anime.

Dōjinshi

Le *dōjinshi* est un recueil autoédité par un auteur amateur japonais, qui présente avec ce média ses créations en termes de mangas ou de nouvelles (souvent des parodies ou des suites alternatives d'autres œuvres). Il est diffusé à plus ou moins grande échelle. C'est pour le créateur (le *dōjinshika*) un moyen de se faire connaître, ainsi que d'échapper aux contraintes de l'édition traditionnelle.

La plus grande convention de *dōjinshi* est le Comic Market, qui se tient en été et en hiver à Tokyo.

Ecchi

Ce genre de mangas est à caractère érotique, mettant en scène la plupart du temps des hétérosexuels. Dans ces mangas, les filles sont hypersexualisées.

Gaijin

Pour les Japonais, un *gaijin* est un étranger ou un citoyen non japonais. Une « personne de l'extérieur », comme le mot peut se traduire. Le terme est également employé pour désigner des citoyens japonais qui ne sont pas d'ascendance ethnique japonaise. Aussi le mot est-il perçu comme péjoratif par ceux qui s'en voient traités, bien que cela ne semble pas être l'intention des Japonais.

Hentai

Le terme japonais complet, *hentai seiyoku*, se traduit par « libido perverse ».

Ce genre de mangas et d'anime pourrait s'apparenter en Occident à nos revues pornographiques. Les images sont explicites, les fantasmes mis en scène crûment. Les supports sont tamponnés *18-kin* ou *seijin manga* (« BD pour adultes »).

Josei

Ce type de mangas s'adresse à un public de femmes adultes, dans la vie active et/ou mariées. Les héros et héroïnes de ces publications sont des adultes et non d'éternels enfants ou adolescents. Les *josei* incluent la science-fiction, la romance mature et l'érotisme. Des sujets comme la maternité y sont abordés, ainsi que l'homosexualité. Ce genre est né dans les années 1980.

Kaijū

Les *kaijū* sont des monstres géants terrifiants venant des profondeurs de la mer, de la terre ou de l'espace pour… on ne sait pas quoi exactement. Car si ces bêtes mystérieuses détruisent des villes entières et massacrent des humains, elles ne sont pas considérées comme malfaisantes par les Japonais, mais plutôt comme des forces de la Nature qu'on ne peut stopper.

Si vous cherchez un exemple de *kaijū*, pensez Godzilla, ou encore Gamera.

Keitai shousetsu

Ce sont des romans de téléphone portable, une forme d'écriture née au Japon dans les années 2000 et devenue très populaire dans le pays. La pratique consiste à publier des histoires sur son Smartphone par messagerie instantanée. Les chapitres sont composés en général de cinquante à cent mots.

Komodo

Mangas réservés aux enfants, généralement de 6 à 11 ans. Les histoires sont parfois teintées de morale et mettent en avant certaines valeurs, comme la persistance, le courage.

Konbini

C'est l'équivalent japonais de nos épiceries de quartier, un commerce de proximité ouvert le plus souvent non-stop, tous les jours de l'année. Les Japonais s'y rendent quasi quotidiennement. Mais là où nos supérettes s'arrêtent à l'alimentation et à quelques articles de maison, le *konbini* va bien plus loin dans les services, proposant des mangas, des jeux vidéo, des cigarettes, des médicaments… et même des vêtements de rechange ! Il sert également d'annexe à la poste japonaise, en pesant et en affranchissant vos lettres et colis ; et certains *konbini* proposent un service de lavage et de pressing en sus. Avec de nouveaux services qui ne cessent de voir le jour, le *konbini* sait se rendre indispensable.

Mangaka

Un mangaka est un auteur de manga. Il s'entoure généralement d'assistants qui l'aident dans la partie la plus contraignante de la création, comme le dessin des décors, le remplissage des noirs, etc.

Mangashi

Magazine de prépublication de mangas, qui publie dans chaque numéro des chapitres de plusieurs séries différentes à la fois.

Mecha

Mecha est une abréviation de *mechanics*. Les Japonais utilisent ce terme pour désigner à la fois des objets mécaniques, mais également les véhicules, ordinateurs, armes, etc. Par extension, *mecha* désigne dans la science-fiction des robots géants défenseurs – ou destructeurs – de l'univers. Il en existe de toutes les grandeurs, depuis la taille humaine jusqu'à celle de plusieurs galaxies. *Mecha* est aussi un sous-genre de mangas et d'anime.

Otaku

Un *otaku* est un amoureux des jeux vidéo, mangas, anime, *J-pop* ou *K-pop*, au point d'y consacrer beaucoup de temps et d'argent. *Otaku* est une véritable culture, au même titre que la culture *kawaii*, par exemple.

Pastel goth

Style vestimentaire mêlant le *gothic* ou le grunge avec des éléments pastel *kawaii* et un soupçon de bohème chic.

Seinen

Les mangas, anime ou films *seinen* ciblent un public de jeunes adultes de sexe masculin. Les thèmes incluent les sports de combat, le thriller et la guerre. Les scénarios y sont plus poussés ou plus sombres que dans les *shōnen*. Il y est question d'apprentissage, de transition vers l'âge adulte.

Shōjo

Le public ciblé pour ce type de mangas ou d'anime est féminin adolescent ou jeune adulte. Y sont principalement racontées des histoires d'amour et d'amitié, souvent au collège ou au lycée. Ce type inclut le genre fantasy avec le sous-genre *magical girl*. Le *shōjo* a contribué à rendre populaire la culture *kawaii*.

Shōnen

Destinées aux adolescents, leurs histoires font souvent état d'un personnage orphelin qui, tout au long d'un parcours initiatique, se démarque comme héros ou grand combattant pour le bien. Les *shōnen manga* comportent des sous-catégories, comme le *shōnen gakuen* – dont les aventures se situent en milieu scolaire – ou le *shōnen mecha* – où les héros utilisent des armures pour combattre.

UFO catcher

Les *UFO catchers*, très prisés au Japon, sont des machines à attraper des jouets. Le but est d'arriver à saisir un objet enfermé derrière une vitrine, la plupart du temps à l'aide de pinces télécommandées. Il est possible d'attraper des jeux, des figurines, des mangas, des peluches et même des sucreries ou des boissons.

À ne pas confondre avec les *gachapon*, qui sont des distributeurs de capsules contenant aléatoirement un jouet, un porte-clés, un badge, une figurine ou autre babiole.

Umaibo

Ces « bâtons délicieux » sont un snack japonais à base de maïs soufflé, décliné à tous les goûts aussi bien sucrés que salés ; avec des saveurs aussi improbables que crevette-mayonnaise, langue de bœuf ou haricots de soja fermentés. Très appréciés par les Japonais.

MOT DE LA FIN

Il y a tant à dire sur la culture pop japonaise ! Vous êtes conquis.e et souhaitez en connaître davantage sur cette culture si particulière ? Voici quelques sites et chaînes YouTube à visiter, en attendant vos prochaines vacances dans l'archipel nippon.

Sites

kanpai.fr, ici-japon.com, japan-experience.com, dondon.media, vivrelejapon.com, universdujapon.com, shogun-japon.com, nautiljon.com, ledojomanga.com, lejapon.fr, gaijinjapan.org, journaldujapon.com, otakumode.com, incontournablejapon.com, cartespokemon.com, tokyofashion.com, skdesu.com, mcjp.fr (Maison de la culture du Japon), espacejapon.com, asie-decouverte.com, nippon.com, nipponconnection.fr, web-japan.org, gogonihon.com/fr/blog, japon-fr.com, voyapon.com, japanization.org, kotaku.com, japoninfos.com, japan.travel, rom-game.fr, japan-touch.com, manga-mania.fr, animeland.fr, angelicpretty-paris.com, babyssb.co.jp (Baby, the Stars Shine Bright), moi-meme-moitie.com, blacksugar.fr.

Chaînes YouTube

Tev-Ici Japon ; Japania ; Louis-San ; Tokyo no Jo.

Un grand merci aux diverses personnes qui ont eu la gentillesse de me faire partager leur propre expérience du Japon, notamment à Flora et Sébastien. Merci à celles et ceux qui m'ont reçue dans leurs boutiques, qui m'ont raconté leur passion et qui m'en ont fait découvrir toujours plus sur la culture pop japonaise.

Imprimé en France par CPI Firmin-Didot
en mai 2022
N° d'impression : 169843
ISBN : 978-2-38015-467-2
Dépôt légal : juin 2022